U1076159

imaginist

想象另一种可能

理
想
国

imaginist

新闻业的怀乡病

Nostalgia in Journalism

许知远 著

江苏凤凰文艺出版社
JIANGSU PHOENIX LITERATURE AND ART PUBLISHING, LTD

图书在版编目（CIP）数据

新闻业的怀乡病 / 许知远著 . 一南京 : 江苏凤凰文艺出版社 , 2019.9（2020.7 重印）
ISBN 978-7-5594-3913-0

Ⅰ . ①新… Ⅱ . ①许… Ⅲ . ①评论性新闻 – 作品集中国 – 当代 Ⅳ . ① I253

中国版本图书馆 CIP 数据核字 (2019) 第 145292 号

新闻业的怀乡病

许知远 著

出 版 人	张在健
责任编辑	王　青
特约编辑	马希哲
装帧设计	邵　年
出版发行	江苏凤凰文艺出版社
	南京市中央路 165 号，邮编：210009
网　　址	http://www.jswenyi.com
印　　刷	山东韵杰文化科技有限公司
开　　本	850 毫米 ×1 290 毫米　1/32
印　　张	11.875
字　　数	178 千字
版　　次	2019 年 9 月第 1 版　2020 年 7 月第 2 次印刷
书　　号	ISBN 978 - 7 - 5594 - 3913 - 0
定　　价	49.00 元

江苏凤凰文艺版图书凡印刷、装订错误可随时向承印厂调换

自序

这本书带有鲜明的时代痕迹。

2001年，我初入新闻界，胸怀模糊却强烈的进步主义式梦想。1830年代的英国，20世纪初的美国，还有中国的张季鸾时代，都是我心中的理想岁月。

一本杂志、一份报纸，不仅是一桩印刷业生意，更是重要的变革力量，它启迪民众心智，呈现社会不公，抨击垄断力量，塑造公共生活，改变历史进程。报纸记者、杂志主编，则是富有行动精神的知识分子。他们敏锐地体察时代情绪，探寻真相，对变化做出智力与情感回应。

在我的头脑中，专栏作家李普曼更是一种英雄式的存在。不过25岁，他即参与创建了《新共和》，一份将政治思考、智识生活与文学趣味融为一体的新闻周刊。在接下来的六十年中，巴黎和会、罗斯福新政、马歇尔计划，约翰逊总统的越南政策都是他评论的内容。作为美国最重要的新闻评论者，他用卓越的分析和冷静口吻，帮助几代美国人适应时代之震荡——它从孤立中跃升至全球舞台，又如何从镀金时代跌入越战的泥淖。

在短暂的时间里，这一厢情愿的梦想，似乎颇有道理。我赶上了中国新闻业黄金时代的尾巴。1990 年代末与 21 世纪初的几年，加速的市场经济改革、加入 WTO、新经济的兴起，都市生活与中产阶级的涌现，催生出新的、繁荣的新闻与知识的消费市场，也催生出一批新闻界的明星人物，刚刚毕业的我也成为其中之一。

这本书的主要篇章，皆写于 2001 至 2003 年之间。彼时，我正沉浸于啼声初试的喜悦中，在一份年轻的橙色报纸上，以主笔之名，对 911 后的世界、中国的转型，做出喋喋不休、经常不知所云的评论，也暗暗期许，在一个迅速跃升的中国扮演李普曼式的角色。

我在书中描绘了很多杰出的记者与编辑，并将他们高度浪漫化。不管他们揭露的是总统，报道的是摇滚乐，还是创办了一份商业期刊，我都认定他们能承载了时代精神，创造了风潮。这既来自于某种自觉，更蕴含着显著的身份期许——我从事的正是有着高度历史价值的职业，要比一个银行家、商人、技术专家更为重要。

十六年过去了，这情绪早已消散。不仅新闻理想主义特性迅速衰落，甚至报纸、杂志本身都要被抛进历史的垃圾桶。面对信息的迅速膨胀，记者与编辑都无所适从，他们不仅不再是知识精英与启蒙者，甚至沦为权力与公众共同嘲讽的对象。在物质与技术戏剧性扩张的时代，思想与批判的舞台没有随之而起，反而萎缩了。因为缺乏一系列制度保障，媒体轻易地沦为另一种平庸的商业机构。

我们这一代新闻人，不仅无法塑造时代与社会，还被裹挟于时代情绪中，疲于奔命，更普遍缺乏足够的才华与毅力建立自己的内在秩序。一些时刻，我强烈地感到一整代人的失败。

我没有重读这些断片，或许不无担心，此刻的自己会下意识地嘲讽昔日的自己。但那股天真的热忱，实在令人怀念。

2019 年 7 月 13 日　于杭州

目　录

光荣时代

美国精神的觉醒：《大西洋月刊》............ 3
新知识分子的声音：《新共和》............ 11
时代传奇：《时代》............ 19
商业是使命也是游戏：《财富》............ 41
圣徒威廉·肖恩：《纽约客》............ 51
旧日的"生活"结束了？ 67
拯救衰亡：《洛杉矶时报》............ 73
编辑的激情：《时尚先生》............ 91
一个时代的终结：
凯瑟琳·格雷厄姆与《华盛顿邮报》............ 99
资本家的利器：《福布斯》............ 113
摇滚迷情：詹恩·温纳与《滚石》............ 119
见证世界：《纽约时报》一百五十年 135

取悦他人的危险

公民德拉吉 157

黑幕揭开之后 171

新闻判断力比勇敢更重要 179

专业教育的危机 183

访问的艺术 187

教堂与国家之争 195

与公众保持距离 205

取悦他人的危险 211

如何管理新闻业 217

如何捕捉时代风尚 227

严肃新闻回潮，能够坚持多久？ 233

重要，却不够伟大 241

固执的腔调

我和一本书的故事 251

亨利·鲁斯的好奇心与我们的理想 259

无能的青春 267

我们时代的英雄 283

中国的惊雷 291

他们这样缔造了 CNN 297

隐藏在利润下的分裂 305

一份好杂志 :《爱丁堡评论》............ 315

新经济杂志运动 321

文艺杂志的理想 329

《经济学人》的腔调 337

写作的第三条道路 343

杰出的经济学家，平庸的专栏作家 349

尴尬的公共知识分子 353

马修 · 阿诺德的遗产 359

光荣

时代

美国精神的觉醒 :《大西洋月刊》

我们要用自己的脚走路，我们要用自己的手工作，我们要发表自己的意见。文学研究不再是一个令人怜悯、令人怀疑或仅仅代表着放纵情感的名词……

——爱默生（Ralph Waldo Emerson）

美国诗人、哲学家

格鲁特·斯泰因（Gertrude Stein）小姐的客厅是20世纪20年代巴黎年轻艺术家们流连的场所。渴望成名的海明威（Ernest Hemingway）在这里被这个像农妇般魁梧的小说家教育道 :“你绝不能写任何无法印出来的东西。那是没有意义的。那样是错误的，也是愚蠢的。”而斯泰因本人希望能在《大西洋月刊》（*The Atlantic Monthly*）这样的杂志上发表作品，这种杂志对海明威来讲是遥不可及的。近七十年来，这本杂志已经成为美国文化生活中最重要的坐标，一直在努力传达美国人的精神世界与文学品质，不但渴望这种声音被更多的美国人接受，更希望它所倡导的美国文学与美国精神被欧洲人接受。

让我们回到 1837 年 8 月 31 日美国马萨诸塞州的剑桥市。消瘦的爱默生正在对全美大学生荣誉协会会员发表演说。这位美国精神之父讲道：“美国大陆的懒散智力，将要睁开它惺忪的眼睛，去满足全世界对它多年的期望——美国人并非只能在机械技术方面有所成就，还应该有更好的东西奉献给人类……在我们周围，有成百上千的青年正在走向生活，他们不能老是依靠外国学识的残余来获得营养……我们倾听欧洲雅典艺术女神的声音，已经为时过久。人们已经怀疑，美国自由人的精神是否是胆怯、模仿或驯服的代名词……我们要用自己的脚走路，我们要用自己的手工作，我们要发表自己的意见。文学研究不再是一个令人怜悯、令人怀疑或仅仅代表着放纵情感的名词……”为爱默生的讲演做注解的是，自 1783 年正式建国以来，美国就缺乏自己的文学家与艺术家，其公众的精神生活完全依靠阅读英国作品。

二十年后，爱默生、洛威尔（James Russell Lowell）、朗费罗（Henry Wadsworth Longfellow）、老霍姆斯（Oliver Wendell Holmes Sr.）等一批新英格兰思想家聚集在波士顿的帕克旅馆中。这是一个阳光充足的 4 月午后，这些全美最智慧的人在商讨出版一本将改变美国文化的杂志。这本杂志的主旨早在 1837 年的爱默生讲演中表露无疑——去定义与创造一种独特的美国声音，注明美国在世界文化中的位置，提升出某种“美国理念”。这是一次长达四个半小时的讨论，我充满愉悦地幻想着背负强烈使命感的老绅士们的神态，他们在迫切与激情中，选择了《大西洋月刊》作为刊名，而散文作家洛威尔成为第一任主编。第二天，一位参与者在致朋友的信中这样写道：“这是我一生中最富智性的时刻。”

1857 年 11 月，第一期《大西洋月刊》出版，它自称为“一本有关文学、政治、科学与艺术的杂志”，并在创刊辞中这样写道：“在政治领域，《大西洋月刊》将坚持无党派、无偏见原则，但不管如何，人们都将确信它是美国理想的代言人。它会坦率地同任何人物与党派接触，但其观点会超越狭隘的党派与个人偏见。这种态度将是真理与持久繁荣的根本。它拒绝将自己置于任何派系中，但它将永远会与拥戴自由、国家进步、荣誉的人在一起。”这一年，铁路还没有贯穿美国，但人们知道那一天即将到来；达尔文的《物种起源》在两年之后才发表；那个叫林肯的总统也要在四年之后才能上台。但有一点确凿无疑，越来越多的人移民美国，以寻求自由、尊严还有财富。

洛威尔成功地使这本新生杂志变为成名作家与年轻作者的共同舞台。两年内，它的发行量超过了三万份。最初，这本杂志记录了梭罗（Henry David Thoreau）、霍桑（Nathaniel Hawthorne）、爱默生等人的创作；接着，它成了马克·吐温（Mark Twain）、亨利·詹姆斯（Henry James）最初发表小说的刊物；20 世纪初，它发表了伍德罗·威尔逊（Woodrow Wilson）与西奥多·罗斯福（Theodore Roosevelt）的重要政治论文；1960 年代，马丁·路德·金（Martin Luther King Jr.）给它寄去了“伯明翰监狱来信”的手稿……爱默生渴望见到一个具有独立精神的美国。《大西洋月刊》的理念以文学为基础，却早已超越了文学。所以你可以看到杂志编辑们的兴趣是多么广泛。南北战争期间，它强烈地支持废奴主义，并开创了用艺术化手法处理战争报道的先河。马克·吐温宣称自己愿意为它写作一些滑稽故事，因为只有这里的编辑才不把滑稽理解成拿大顶。进入20世纪之后,《大西洋月刊》在强烈关注政治与文化的同时，对新兴的技术思想也同样抱有浓厚的兴趣。二战后，它发表了探讨原子能技术的文章，同时也成为最早对人工智能予以评介的杂志。

今天的《大西洋月刊》已经成为美国最受尊敬的杂志。它的发行量达到了四十七万份，每期有一百二十万人在阅读，它是“美国国家杂志奖”无法错漏的名字。而伴随着《大西洋月刊》的成长，美国文化与美国理想不但已经觉醒,甚至已经成为一种霸权。一百五十年前，爱默生仅仅希望美国人能够摆脱欧洲文化的压抑，而今天，却是法国人在义愤填膺地抵制美国文化。我们可以宣称好莱坞电影低级，但却必须承认林肯艺术中心代表了世界最高级的文化。从海明威、菲茨杰拉德（Francis Scott Fitzgerald）出现起，美国已经不再是荒漠。爱默生与今天的美国人应该同样相信,《大西洋月刊》在其中起到了一定的作用。

今天的世界比一百五十年前更庞杂,《大西洋月刊》所需要关注的问题更是呈爆炸性的增长。但是有一点，它似乎一直在努力坚持，那就是对于任何事物都采取一种超然、充满智力性、幽默和有艺术感的态度。

曾任该杂志执行主编的卡伦·墨菲（Cullen Murphy）说："《大西洋月刊》的报道不但涉及宗教，而且要用自己的语言来解释宗教；它对于社会与政治问题的看法不但超越了宗教组织，还将其置于有关信仰与信念的更大主题之上。从第一期起，它就建立了某种特别的幽默感。"这位编辑认为，在信息如此泛滥的今天，《大西洋月刊》在美国人的生活中应该充当以下这样的角色。

首先，《大西洋月刊》责任之一即为公众提供关于这个国家各个层面深思熟虑的看法与观点；同时还要记录美国之外的事件；将那些遮遮掩掩、不为人知的大事揭示给应该了解这一切的小人物；从智性的角度去报道诸如婚姻、道德以及思想方面的重大事件，而非仅将其视作"新闻"；回避"乐队花车"般的热闹场景，把作者得出的结论传达给那些需要对其有所了解的人。

美感是《大西洋月刊》的第二个目的。对更高贵、更完美生活的追求并不一定是实用的，但很多这样的追求却具有"人之为人"的意义。《大西洋月刊》之所以重要，是因为它孕育了文学和精神的种子。对于众多的小说作者与诗人而言，这样的杂志就是他们从无名小卒到鼎鼎大名之间的中转站。

那么，第三个目的呢？《大西洋月刊》在某种程度上是美国的餐桌。真正喜欢这本杂志的人，是政治、商业与文化领域的精英，他们只是美国的“小众”。这本杂志肯定忽略了世界上的很多事件，但是它在某些方面还是极具价值的。美国社会越来越巨大与专业化，为科学家、政治家、商人、作家、军人、教士、学者所留的空间愈来愈少。但在这本杂志中，无论你是共和党还是民主党，是黑人还是白人，是有信仰者还是无神论者，都可以听到其他人在说些什么。

最后，《大西洋月刊》还有一个与通才教育类似的目的。这种目的很难细致描述，而且见效也似乎相当缓慢。有人这样评论通才教育：它即便一无是处，至少也可以让你成为自己最好的朋友。对于一本杂志来讲，这种目的实在有点奢望，不过仔细一想，一本杂志难道不该这样？

对于卡伦·墨菲对杂志的期望，除了尊敬以外，我们还能有什么别的情感？1999年年底，迈克·凯利（Michael Kelly）成为《大西洋月刊》第十二任总编辑。这位编辑天才对于目前的杂志状况不够满意，认为它对事件的反应缓慢而陈旧，所以他希望自己能够让这份杂志更加鲜活起来，因为将近一百五十年的历史让它有点沉重，他要让杂志进入互联网时代。但是，有一点他比谁都清楚，这份杂志所带有的特殊使命感与优雅的态度，是无可改变的。

而对于中国读者来讲，一个细节或许会拉近我们与《大西洋月刊》的距离：在它的编辑部里张贴着一封特殊的读者来信——中国订户宋美龄因为抗战原因，随国民党政府从南京迁至重庆，所以特致信要求将杂志邮寄至新地址。

新知识分子的声音 :《新共和》

1918 年，从哥伦比亚大学归来的胡适对他在北大那些渴望变革的同志说,希望办一本类似美国《新共和》（*The New Republic*）那样的精英杂志，让知识分子更直接地参与整个国家的发展（这个信念后来融入了《新青年》)。对于那些生活在 20 世纪前二十年的美国知识精英来讲，创办于 1914 年的《新共和》让他们看到了知识精英参与社会变革的有效方式。

1999 年,《新共和》杂志的总编辑马丁 · 佩雷茨（Martin H. Peretz）在八十五周年纪念专刊上写道：“八十五年之后，在新千年的开端,《新共和》仍然是一项试验。尽管比起上个世纪初，在今日出版一本严肃且生动的杂志的志向变得愈发可疑，但这次尝试已经产生了丰富的成果。八十五年来，《新共和》不仅对政治与思想进行了评论，还致力于将这两者塑造成自由主义最清晰与连贯的意见。”

尽管只拥有十万份发行量，但它却仍被普遍称作“美国最佳的意见杂志”。它每周不过五十四个页码，却涵盖了政治、思想、艺术、戏剧、电影、文学各领域。彼特 · 贝纳特（Peter Beinart）、查尔斯 · 兰（Charles Lane）、迈克尔·金斯利（Michael Kinsley）、安德鲁·萨利文（ Andrew Sullivan）这样的名编辑共同排列在杂志的版权页上；约翰 · 厄普代克（John Updike）、迈克尔 · 刘易斯（Michael Lewis）是它的撰稿人，而阿兰 · 格林斯潘（Alan Greenspan）、大卫 · 格芬（David Geffen）、巴瑞 · 迪勒（Barry Diller）、马友友（Yo-Yo Ma）都是它最忠实的读者。甚至这本杂志编辑的更换都会成为各大媒体的重要新闻。如果你接受马丁 · 佩雷茨的劝告，回望这八十五年历程，就会发现这本杂志不仅在美国的政治与艺术生活中扮演了重要角色，更重要的是还提供了一种令人兴奋的态度：智力与进取精神应该成为我们面对混乱世界时仰仗的手段；对于知识分子来讲，建设性意见比一味地批判更加重要。

我们从 1909 年开始说起。美国作家赫伯特 · 克罗利（Herbert Croly）在这一年出版了政治论著《美国生活的希望》（*The Promise of American Life*）。这个谈吐含混不清、容易紧张害羞的家伙，在这本书中传达出让人精神为之一振的新鲜理念：美国人应该抛弃掉19世纪过时的眼光，一种崭新的意识形态才是最急迫的需求。而知识分子比其他人更清楚这套规则该如何建立，所以他们应该从社会边缘进入权力中心，将思想的价值与日常的经历协调起来。知识分子应该运用智力来解决社会问题，借助思想来唤起公众的美德……

尽管今天看来，这种"进步主义"理想带有强烈的功利色彩与稍显幼稚的浪漫因素，但那扑面而来的"青春期知识分子"的激情的确充满诱惑。在这种诱惑下，斯特雷特（Straight）夫妇决定为一直想创办一本"报道政治与艺术"周刊的克罗利投资。这可能是杂志史上最令人惊叹的慷慨投资。这对愿意传播自由主义思想的夫妇在此后的四十年内每年为杂志投资十万美元，但从不干预编辑方针（尽管杂志在相当长的时间内坚决地保持亏损）。

克罗利强烈的个人倾向决定了这本杂志参与社会改革的强烈欲望。正如他所说："我们要出版的是一本鲁莽唐突的杂志，要在法庭上那些老法官的袍子底下，或向更高级的阶层扔几个鞭炮……我们应该激进，但不是以社会主义形式；我们的整个政策应该是注重实效，而不是空谈理论。”他吸引了类似沃尔特·李普曼（Walter Lippmann）这样优秀的年轻人进入了编辑部。二十五岁的李普曼最初兴奋异常，他到处寻找优秀的撰稿人，并告知他们：“我希望这份杂志上的每一页都要使美国式生活的幽默感、远见卓识和音容笑貌跃然纸上。而且它具有丰富的想象力，正如威尔斯（H. G. Wells）所言，要以上述方向向人们指出一个更有秩序、更加广阔的生活制度。”

杂志最初想起名为《民族》，但已有同名杂志在先，后又拟转用《共和》，结果同样发现重名杂志。最终，杂志被定名为《新共和》。这个被克罗利认为是差强人意的名字上的“新”字，直接暗示了该杂志抛弃旧观念的倾向。

这里，我想再次对斯特雷特夫妇的慷慨表示钦佩。他们为了使编辑获得尽量舒适的办公环境，买下了一座四层小楼。楼内布置了一个资料翔实的图书馆，里面有皮制沙发和美国与欧洲各国最新出版的杂志。他们甚至雇用了一位法国厨师为编辑做午餐，楼内的高级餐厅可以招待来访者。

这样的宽松环境，不仅促使了编辑思想的成熟，甚至让杂志美学都得到了完美发展。克罗利用了整整一年时间试验铅字型号，剪贴杂志校样，最终设计出一种清秀整洁、引人注目的样式，并几乎一直保持到今天。

1914 年 11 月 7 日，第一次世界大战爆发后三个月，第一期《新共和》出版了，共三十二页，包括社论和五篇较长编辑部文章。在创刊社论中，这些生气勃勃试图改造美国社会的人写道："《新共和》是一次真诚的尝试。它试图为一本表明意见与阐明道理的杂志找到知音。它的成功毫无疑问要仰仗于公众的支持，但我们无法在喧嚣与无聊的思考中获得这样的成就，倘若如此，我们将无法继续我们的尝试，并能让更合适的人接替我们。我们怀着信念出发。"

显然在最初，公众对于这群具有压抑精英意识的改革家的尝试并不热心，订单上只有九百个订户。但不出三个月，这份周刊的销售量达到了两千五百份。而到了 1918 年一战结束时，每周四万份的发行量让《新共和》成为英语世界备受瞩目的意见杂志。它美观的版面设计、以周计的时间观念及激动人心的自由主义观念，使之成为当时最严肃与最富创见的思想家论坛。今天的我们已经惊异于当时撰稿者的名单：约翰 · 杜威（John

Dewey)、乔治·桑塔亚纳(George Santayana)、西奥多·德莱塞(Theodore Dreiser)、凯恩斯(John Maynard Keynes)、萧伯纳(George Bernard Shaw)、威尔斯、罗伯特·弗罗斯特(Robert Frost)……

尽管经历了战争，但此时的美国仍旧被进步主义的信念包围着，而知识分子出身的威尔逊成为美国总统的事实,也不断鼓励着《新共和》的天才编辑与撰稿人——凭借智慧，他们可以引导美国与世界的发展。他们相信政治是一个伟大的领域，西奥多·罗斯福这样具有强力意志的领导人扮演着主宰的角色。

就像克罗利在第一期就令杂志的设计自此近乎定型一样，这本杂志在最初的几年内亦达到巅峰。它成为汹涌的进步主义运动的号角，知识分子对社会运用智性思考的实验地。但是巅峰过后的低谷确是始料不及的。威尔逊的理想主义在巴黎和会彻底失败，西奥多·罗斯福的“新国家主义”强人政治被抛弃，欧洲国家在战后所表现出的极端的狭隘与短视,都使进步主义者备感挫折。在美国国内，持续了十多年的进步主义悄然结束。《新共和》的编辑与撰稿人尴尬地发现自己单纯的理想主义现在显得如此幼稚。

而在杂志内部，克罗利个人立场的衰弱，沃尔特·李普曼等人的相继离开，使杂志的政治影响力减弱。倒是由于埃德蒙·威尔逊（Edmund Wilson）与马尔科姆·考利（Malcolm Cowley）相继成为书评编辑，使得这本杂志成为美国最重要的文化阵地。以海明威、菲茨杰拉德为代表的迷惘的一代作家都在这里发现了自己的空间。而由于埃德蒙·威尔逊本人成为美国有史以来最杰出的文化批评家，《新共和》亦具有了文化批判的风向标意义……

20 世纪 50 年代以来，电视与不断涌现的媒体都在不断侵占本就稀少的注意力，而政治冷漠症也逐渐流行起来，《新共和》不可避免地受到冲击。1980 年代以后，由于迈克尔·金斯利等人的睿智，《新共和》的挑战与试验性仍旧在美国政治生活中扮演重要角色。而 1990 年代以来，频繁的更换主编却令这本杂志非议不断。互联网挑战着新闻业的传统秩序，小报化的报道风格同样冲击着旧有的媒体观念，而政治舞台上又缺少了威尔逊与罗斯福那样的英雄人物，这本依旧顽固声称“着迷于政治与思想”的五十四页杂志似乎显得不合时宜了。

但是马丁·佩雷茨写道：“尽管在今天，很多出版物将政治视作一项娱乐，是一种无意义的个人争斗，但《新共和》仍然坚信美国政治是一出意义深远、引人瞩目的伟大戏剧，只有具有相应治理水准的人才能理解。这种信念引导了《新共和》八十五年的历史，毫无疑问，它将继续指引《新共和》的未来。”马丁·佩雷茨将希望寄托于新任主编彼特·贝纳特身上，这位二十八岁的年轻人从十几岁开始就阅读这本杂志，被佩雷茨称作“记者中的记者，知识分子中的知识分子”。

不管马丁·佩雷茨多么信心十足，贝纳特多么年轻有为，历史的发展方向已经注定了《新共和》不可能恢复昔日的影响力。但同时，正是在日益嘈杂的声音中，《新共和》始终没有改变的对高级智力生活的关注，却使其愈发显示出重要性。早在20世纪30年代，就有一些人批评该杂志过于精英化，缺乏常识，因为它不用承担任何经济压力，所谈论的问题又大多是空泛的自由派论调。但这正是《新共和》的重要之处，它超越了狭隘的地域界限，致力于为读者提供更广阔的智力生活背景。它的阅读者与撰稿者大多为精英人物，他们不恐惧面临真实饥饿，却恐惧在信念与思想上缺乏新的食粮。在世俗社会愈来愈强大、精英文化愈来愈受压迫的今天，这本杂志的理念面临更大的挑战，或许亦肩负着更重要的使命。是的，这是一次坦白而伟大的试验。

时代传奇：《时代》

在美国，多数人孤陋寡闻。因为到目前为止还没有一种出版物适合于忙人阅读，能满足他们一经浏览即能做到消息灵通的需要。《时代》（*Time*）即是这样一本新闻周刊。

——布瑞顿·哈登（Briton Hadden）、亨利·鲁斯（Henry Luce），《时代》创始人

《时代》的目标在于捕捉这个世界正在发生的事件所具有的魔力，不论政治还是艺术，它要鲜活地表现那些塑造我们时代的人。

——沃尔特·艾萨克森（Walter Isaacson），《时代》前任主编

布瑞顿·哈登与亨利·鲁斯一点都不迷惘。当他们在1922年2月6日从《巴尔的摩新闻报》(*Baltimore News*)辞职时，坚信自己一定可以办出一本“让大多数美国人更了解世界”的杂志。这对二十四岁的年轻人看起来有些像是异类，因为当时的时髦青年们正在格林威治村或者巴黎忙着写作与听爵士乐，或者干脆在苦艾酒中消磨时日。二十三岁的海明威还要再过几年才写出《太阳照常升起》(*The Sun Also Rises*)，而菲茨杰拉德已经出版了一些短篇小说，开始鼓吹“爵士时代的忧伤”，至于约翰·多斯·帕索斯(John Dos Passos)与马尔科姆·考利这样的家伙还没有半点成名的迹象。第一次世界大战摧毁了旧有的世界秩序，像海明威那样上过战场的年轻人对人类文明表现出不屑一顾的神态，他们希望在本能中寻找力量，到巴黎寻找艺术，所以他们迷惘。而对于美国国内那些没有才气的年轻人来说，美国外交政策的失败所带来的“孤立主义”，让他们心安理得地躲在国内享受新技术革命带来的物质生活。

1920年11月，第一个商业性无线广播开播，人们生活中有了广播。汽车尽管依然奢侈却并非遥不可及，纽约中产阶级开始流行打麻将，阿姆斯特朗(Louis Armstrong)的爵士乐时尚且新奇，尽管依然处于“禁酒期”，但还是能找到一些喝的。电影在20年代已经开始成熟，黑白幽默片里的明星成了新的公众人物。所以，这些缺乏才气、没上过战场的享乐主义者，同样对未来一片迷惘。

尽管布瑞顿·哈登与亨利·鲁斯目标明确、信誓旦旦，但很少有人相信他们的计划会成功。这两个从中学到大学一直处于相互竞争状态中的年轻人，在短暂的记者工作中表现出惊人的才华，也都毕业于耶鲁大学，但他们毕竟只有二十四岁。美国已经有了那么多的媒体，《纽约时报》（*The New York Times*）与约瑟夫·普利策（Joseph Pulitzer）令人生畏的《纽约世界报》（*New York World*）每日都会登出大量新闻，门肯（H. L. Mencken）的《美国水星》（*The American Mercury*）杂志、《星期六文学评论》（*Saturday Review of Literature*）、《美国展望》（*The American Prospect*）、《大西洋月刊》、《民族》（*The Nation*）、《新共和》、《星期六晚邮报》（*The Saturday Evening Post*），还有新创办的《读者文摘》（*Reader's Digest*），则提供大量的分析评论。这两个年轻人所想象的杂志的生存空间在哪里？况且，这是两个穷小子，创办杂志需要一大笔钱。

他们开始了说服别人——当然也包括自己——的行

动，并给这本尚未出生的杂志起了一个漂亮而宏大的名字——《时代》。一些他们认定的潜在投资者收到了这两个青年充满豪情的杂志创刊缘起：

> 虽然外国人对《世界工作》(*The World's Work*)、《世纪》(*The Century Magazine*)、《文学文摘》(*The Literary Digest*)、《美国展望》等美国期刊的精良内容赞叹不已，但大部分美国人却还没有拥有足够的信息，非常无知。这并非是日报的过失，它们刊登了所有的新闻；这也并非是周刊评论的过失，因为它们对新闻也有适当的反应与批评。如果允许一点狡辩，这是人们自己的错。人们资讯不灵通主要是因为没有一份适应这个时代的刊物，使忙碌的人能花费很少时间就得到所需要的一切讯息。
>
> 《时代》就是这样一本新闻周刊，其旨趣不在于其涵盖内容的广度，它关注的是如何将讯息输入读者的脑海中。

在将近一年的时间内，他们像低级推销员一样四处推销他们的理想，希望能够筹集创办杂志所需的十万美元资金。这其中的挫折可想而知，但是寄出去的订户调查却给了他们信心，将近七成被调查者渴望见到这本杂志。这两个毛头小子最终得到了八万七千美元，七十人或出于真心、或碍于情面成了这本杂志的股东，其中四十六个来自耶鲁大学。

1923 年 3 月 3 日，纽约街头的书摊上出现了每本十五美分、连封面共三十二个页码的新生杂志《时代》。第一期的发行情况让两个年轻人沮丧。两万五千册中只有九千册收回了成本，那些最初的热心订户在提到付钱时都冷淡了下来，而通过书摊上销售的五千册最多只卖了一半。

当然，有眼光的读者还是一下子从这本稚嫩的出版物中闻到了不同寻常的味道。首先，它的二十八个页码竟被划分为“国家事务”“国际事务”“书评”“剧评”等栏目，使读者可以直接寻到他们的兴趣点。这种今天已经司空见惯的新闻分类法，在当时却是极大的创举。

其次，他们将《纽约时报》中最值得阅读的新闻用最精炼的笔法改写，使得整本杂志具有了连贯性，给人以极强的阅读快感和惊人的信息含量。当然，这本杂志仍带有鲜明的哈登风格，仿佛是他在耶鲁编辑的校刊。或许，我需要交代一下这两个同岁小伙之间的友谊。

他们同出生于1898年，哈登出生于富有的银行家家庭，据说从小就表现出惊人的编辑与写作天才。小学时即编辑班内报纸，中学进入哈奇克斯中学开始编辑学生刊物《哈奇克斯记录报》（*Hotchkiss Record*）。而鲁斯则是一位在中国传教的穷教士的儿子，出生于中国山东。因为偶然的机会，他于1913年进入哈奇克斯中学，成为哈登的同学，并成为“记录报”编辑。尽管哈登热衷于自我表现，而鲁斯则内敛得多，但这两个野心勃勃的小子同时发现了彼此之间在编辑与写作方面的热情与天才，并不断试图超越对方。在共同进入耶鲁大学之后，他们成为亲密的朋友，并共同成为学生刊物编辑。此时，他们二人的编辑倾向已经初步显现出来。哈登对于新闻有极强的分类能力，是个创造新词汇与奇怪语法的天才，而鲁斯则更喜欢追逐新闻的深度与客观。

1918年夏天，十九岁的海明威在意大利南部的医院治疗一战给他带来的伤害，而德国人奥斯瓦尔德·施宾格勒（Oswald Spengler）出版了影响深远的著作《西方的没落》（*The Decline of the West*）……而这两个二十岁的学生正作为少尉军官在南卡罗来纳州杰克逊军营接受军事训练。“那个夏天，实在热得难受，唯有夜晚才凉快些，”1953年，鲁斯在《时代》创刊三十周年时回忆道，那时他与哈登都剃了光头，像两个傻瓜，“有一天晚上，哈登和我越过大营地走回宿舍，我们每一步都陷入沙中，却谈得很起劲……就在那一次的交谈中，我们开始谈道《时代》……就在那一个夜晚，两个孩子决定合作，建立一个组织，把他们的生活中心、工作和任务结合起来……”

五年后，他们充满惊异与喜悦地看到了《时代》第一期的诞生。由于两人同样狂热于编辑工作，他们最终通过掷硬币决定由哈登担任《时代》的第一任主编，鲁斯则负责业务，两人每五年进行一次职责轮换。所以，哈登的造词本领与标新立异的写作方式为《时代》日后取得成功和遭人诟病奠定了基础。

不管怎样，第一期《时代》还是让人喜悦的。严肃的鲁斯在用半个小时阅读之后说道，还真不错哩。而如果你了解到，这本杂志的全体人员不过十一人（包括两位创始人，其中第一位员工曼弗瑞德·高特福莱[Manfred Gottfried] 毕业于耶鲁大学，是一位作家兼打杂、剪报员），他们的办公地点在纽约郊区偏远的第八大道的一个印刷厂内，墙壁肮脏且破旧，所有素材仅有二十年的《纽约时报》与破破烂烂的百科全书，每个人都要身兼数职才能完成工作，那么你就应该感到《时代》

的诞生是某种奇迹了。

当然，杂志在业务上没有他们最初想象得那么乐观。第一年，他们亏损了三万九千五百美元。不过，当时的纽约州州长富兰克林·罗斯福（Franklin Roosevelt）致信给鲁斯道："非常欣赏你们的新刊物，每一篇文章都值得阅读，每一个美国人都应该参阅，以了解国家与世界大事……"

站在今日的角度，我们会发现，尽管今天的《时代》已与当年相去甚远，但这两个二十四岁的青年在1923年却创造了一项多么具有预见性的发明。20世纪20年代，正是大众文化兴起的时代，广播、电影、报纸杂志、爵士乐正在让多数美国人享受生活。以前只属于贵族与精英的娱乐生活正在被每个人接受。世界开始被广播、电影、电话这样的技术连成一体，人们四周的信息量空前增长。在《时代》出现之前，美国的新闻界的确没有学会如何更清晰与直接地向公众报道世界正在发生的事件，公众似乎对此也缺乏足够的兴趣。如果我们将亨利·福特（Henry Ford）的装配线视作工业中的一次革命，那么《时代》正是用亨利·福特式的观念改造了新闻界。更重要的是，由于媒体在一个大众文化时代扮演的关键性角色，《时代》对于新闻业的改造更直接地影响到公众对世界的理解。这里我需要引用哈登与鲁斯在创刊时表达的共同信念：

1. 相信地球是圆的，对具有“以四海为一家”胸怀的政治家们抱欣赏态度。

2. ……

3. ……

4. 对金钱买不到的东西具有信心。

5. 对古老的东西——特别是观念——予以尊重。

6. 对新的东西——特别是观念——最感兴趣。

我们会发现，这两位年轻人的关注点正在改变传统新闻业“揭露事实”的观念，他们更强调对世界未知事物的一种充满勇气与信心的探索。在今后的历史中，这的确迎合并促进了大众时代的发展。当然，这一切在最初的《时代》中并没有明显的体现，即使是那两个小子也不敢这样想。

不过一点我乐于承认，最初的《时代》的确有点像知识精英与普通大众之间一道沟通的桥梁，它将知识人的观念精简、直白地传输给受过一定教育的读者——鲁斯所言的那一百万受过大学教育的人。

当然，即使这一点，在当时也有很多人不愿意承认。在反对者看来,《时代》不过是一本喜欢摘用《纽约时报》稿件的文摘性杂志，因为它根本没有自己的记者。或许它经过了一些编辑的重新加工，然而，这哪里是什么正经的写作？编辑为了吸引人,就强烈地运用夸张的效果，把人写得很滑稽。胡乱的造词把句子的主、谓、宾结构颠倒（这一点被《纽约客》[*The New Yorker*] 杂志大为嘲讽）。甚至杂志的主编哈登还伪造各种读者来信制造争端以吸引大众注意力，尽显各种不够严肃手段。

尽管存在诸多问题，但这份利用各种手法来引起别人关注的杂志，还是非常迅捷地获得了成功。1925 年，它的页码由最初的二十八页增至五十二页，而在封面设计上确定了其独创风格——在封面边缘加一道红边。到了 1929 年哈登因为风寒去世时，这两位六年前为了十万美元而痛苦不堪的穷小子，都已经成为百万富翁。

20 世纪 20 年代末,《时代》在褒贬不一中还是成了美国最重要的新闻媒体之一。除了杂志与时代对信息渴求的现实相吻合、哈登俏皮和大胆的编辑风格外，我们很容易在两人最初约定但却未必严格遵守的编辑理念中看到成功的缘由：

1. 新闻能够组织化，每一条新闻都可以重新组合成为一个完整的新闻组织。

2. 新闻的意义是可以解释的，不同的观点也应该一并呈现。

3. 制造新闻的是个人，而不是政府或其他神秘势力，因此人物和他们的言论、性格都有新闻价值，值得加以描述。

像对新闻分类一样，这三条今日习以为常的准则在当时是非常令人吃惊的。同时，《时代》还建立研究员制度。为了将新闻改写生动，他们大量插入历史资料。这一条成为日后杂志成功的重要保证。同时，他们还建立了还算严格的查证制度，核对人名、地名与新闻事实，避免出现大的差错。

但是如果仅仅只是凭借这些，《时代》很难成为今天这样一本影响巨大的杂志，哈登的突然去世成为其重要转折之一。杂志是主编意志的体现，哈登在充满机智与激情的同时，也暴露出无可掩藏的劣势：他对于趣味的过分追逐妨碍了真正的事实与思想，机智可能会损伤到真正的大智慧，而哈登在富裕家庭中顺利的成长环境，也决定了他缺乏持久的恒心。逝世前夕，哈登看起来对这本杂志已经极度厌倦了。

而鲁斯则不同，传教士家庭的出身让他具有一种清教徒式的热忱与耐力，而他的固执则使他不断地试图传播自己的价值观念。他真心坚信，全人类应该具有一种理想化的生活方式，这与他在中国山东传教的父亲一样。所以，他最终会利用《时代》来表达他对政治与社会的看法。

尽管鲁斯对于哈登的建树尊敬异常，坚信《时代》在哈登的领导下确立了一种独特且令人骄傲的风格，《时代》接下来的主编也都尽量遵守哈登的准则，但鲁斯对于严肃的思想与事实的追求正在慢慢地影响着《时代》。到了 20 世纪 30 年代初，杂志所使用的句式已经不像以前那样过分怪异了。

到了 20 世纪 30 年代中后期，《时代》的影响力已经开始深入人心。它自 1936 年开创的“封面人物”更成了美国社会的重要事件。已经成为知名作家的海明威就曾因为另一位作家帕索斯比他更早成为《时代》的封面人物而愤怒不已。而由于组织的不断扩大，《时代》更建立了“资深编辑”制度，使报道的分工更加专业化与准确化。二战爆发时，《时代》斥巨资派遣的海外记者令杂志几乎成为全美国最主要的新闻媒体。同时，由于鲁斯个人对于“最新知识领域”的强烈兴趣,《时代》成了当时世界的重要知识分子发言的阵地之一，当时名不见经传的英国历史学家阿诺德·汤因比（Arnold Joseph Toynbee）正是通过《时代》名满天下的。

尽管被后来的评论家所不耻，但鲁斯的确出于个人政治倾向使《时代》对美国总统大选与政策制定造成了相当影响。到了20世纪40年代末,“令人生畏”的《时代》成了每位总统、国会议员与高级官员的必看杂志，没有人可以忽略它的影响。当然，它的批评者也伴随其影响力的增加而不断增多。自创刊起,《时代》按照小说体来写作的方式注定了它可能会偏离事实。而伴随着机构的复杂化，一线记者与作家之间的沟通不便，以及查证员不可避免的疏忽,《时代》的报道在很多时候尽管曲折动人，却不免出错。美国管理学家彼得·德鲁克（Peter Drucker）曾经被选作1950年某期的封面人物，但后因朝鲜战争而被临时撤换。德鲁克后来读到这篇撤换文章后大惊失色：他家里的一只宠物狗竟被描写成德国狼犬……

20世纪50年代以后,《时代》逐渐被一种衰老之气所困扰。除了当时电视的兴起、各大报纸的关注点向全球重要事件的转移，以及竞争对手《新闻周刊》

(*Newsweek*)、《美国新闻与世界报道》(*US News & World Report*)的壮大这些外界因素外,《时代》自身的问题也逐渐尖锐起来。在越来越庞大的时代—生活公司内,鲁斯已经不可能有更多的精力关照《时代》了。况且随着其年龄的增长,越来越保守的思想也开始妨碍杂志的发展。时代已经变化,然而《时代》却缺乏应变。当时的主编菲尔布林格(Otto Fuerbringer)更是相当顽固保守,厌恶一切新事物,并且深得老年鲁斯的信赖。当猫王扭着屁股走上舞台之后,美国迎来了历史上最丰富与刺激的时代。迷恋女色、年轻而性感的肯尼迪(John F. Kennedy)竟然成了美国总统,学生们再也不听话了,姑娘们像吃零食一样随意地服用避孕药,摇滚乐还有越战让整个美国不安地晃动着。而与此同时,1961 年被《华盛顿邮报》(*The Washington Post*)购买的《新闻周刊》开始成为热门的新闻杂志,正在充满快感地掠夺《时代》的读者与广告商。《时代》开始像吃了 LSD 的美国青年一样无法平静。

1968 年,在亨利·鲁斯去世一年后,他的继任者多诺万(Hedley Donovan)最终决定让格伦沃德(Henry Grunwald)取代菲尔布林格成为《时代》的新任主编。格伦沃德,这个胖胖的维也纳人,自 1944 年加入《时代》

以来，以不可多得的写作才华引起关注，二十三岁就当上了特约编辑，而本人更是性格随和。

在带领四十位资深编辑在百慕大群岛尽享海风、阳光之后，这位主编决定进行让鲁斯不得安宁的改革。首先，他废除了集体创造制。四十五年来，《时代》始终坚持每篇文章皆由所有参与者共同完成，所以不署名。因为鲁斯相信，编辑与记者不应该让自己成为明星，功劳属于全体。这种制度在新闻业发生巨变的20世纪60年代已经饱受唾弃，每个人都希望自己与众不同，并且极度拒绝别人对自己的文章动手动脚。当然，这项变革并非意味着编辑与审查制度的结束，而是让作者更有机会展现自己。当然，尽管他本人更加开明，但是依然坚持鲁斯年轻时的哲学信仰：进步的保守主义。这一点正是鲁斯与哈登的最初理念——尊重历史，尊重新事物。而正是这一点，使《时代》尽管在形式与政治态度上发生变化，其核心的价值观念却未根本动摇，并得以持续发展。

直到1977年，格伦沃德成为时代—生活集团总编辑，他是《时代》历史上最成功的主编之一。由于良好的艺术修养，他的个人风格使得《时代》的形式更加灵活。在上任一个月内，杂志刊出了以诗歌来撰写的赛马报道。第二年,《时代》更刊登了索尔仁尼琴（Aleksandr Solzhenitsyn）的小说摘要，这在鲁斯理解的新闻周刊中是万万不可的。为了适应20世纪70年代的风气，格伦沃德更增加了“环保”“心理学”“行为”这样的专栏。此时的《时代》又恢复了部分生气。但是一个不争的事实是，它已经不可能再恢复从前的影响力了。

20世纪80年代的《时代》继续在《新闻周刊》、CNN（Cable News Network，美国有线电视新闻网）、《纽约时报》的夹击下生存。1989年，这本杂志体验到了以前从未品尝过的苦涩。这一年，时代—生活集团与华纳兄弟电影公司合并，组成全球最大的媒体集团。显然，到了20世纪80年代末，公司利益早已凌驾于媒体理想之上了。在一个电影、有线电视、书籍出版、杂志并存的媒体公司中,《时代》的利润是那么不显眼。即使在杂志类别内,它的利润也远远低于《人物》（*People*）这类流行杂志。虽然由于已经形成的巨大声望，它仍然是新公司的旗舰产品，但是谁都清楚，这已经不是亨利·鲁斯的《时代》。在鲁斯的眼中，编辑理想至少与商业行为同样重要，因为他更渴望成为一位政治家与思想家,而非商人。尽管《时代》的资深编辑们可以宣称，鲁斯所创建的“国家与教堂”理念是不可动摇的，编辑独立原则是无法触犯的，但谁都清楚，这样的誓言是多么脆弱。

很显然，1992 年的改版的确有着过于强烈的商业目的。四十二岁的年轻主编亨利·穆勒（Henry Muller）进行了过于勇敢的改革。为了迎合青年一代的读图喜好，他大量增加图片，减少文字长度，结果便是影响到了报道深度。更为夸张的是，为了迎合习惯电视节目的读者，他将原来相对细致的栏目分类，有些简单粗暴地转变成类似公共电视节目的简单格式。显然，这是一次失败的改革。在迎合了读图时代的要求后，这本曾经因为深度分析而知名的杂志失去了深度，仿佛变成了一本图片杂志，发行量迅速跌落了五十万份。

显然，很多人将希望寄托于 1996 年上任的主编沃尔特·艾萨克森身上。这位哈佛大学毕业生、罗德奖学金学者于 1978 年进入《时代》，是这个时代罕见的编辑。五年以来，他的确使这本杂志重新恢复了生气与自信。他坚信杂志必须被改变。这位被《纽约》（*New York*）杂志称作是“五十岁以下最具自我意识的新闻记者”承认，这个时代已经不是用“李普曼语气”来谈论政治的时代了，人们更关注个人的生活。过去的《时代》关心的多是刻板的政治世界中发生了什么，而现在的《时代》

则是关心大家的餐桌上谈论什么。

当然，这并非意味着《时代》风格的粗俗化。尽管沃尔特·艾萨克森并不那么喜欢这个时代，但是他承认，多元化正在成为世界的主流，《时代》必须积极地反映这一切。《时代》的趣味变得前所未有地广泛，按照沃尔特·艾萨克森的说法，《时代》有一点儿《人物》、有一点儿《财富》、有一点儿《钱》（*Money*）、有一点儿《体育画报》（*Sports Illustrated*）……它是这些杂志的结合体。

让《时代》的支持者喜悦的是，由于沃尔特·艾萨克森的存在，这种多元化并未使杂志媚俗化。这位主编罕见的个人使命感与才华，让他当家的《时代》散发出一股强烈的高调气息，即使在谈论餐桌上的话题时也避免流俗。而在其任期间推出的《时代七十五周年》纪念刊与举行的盛大纪念活动——“世纪人物”的评选，都让这本杂志显现出惊人的生命力与影响力。这位言必称亨利·鲁斯与其他伟大新闻人物的人，在《时代七十五周年》纪念刊上底气充盈地表达了他对《时代》的见解。而他于1997年和1999年先后选择安迪·格罗夫（Andy Grove，英特尔公司联合创始人兼董事长）和杰夫·贝索斯（Jeff Bezos）作为封面人物的举措，更表现了他对即将到来的技术世纪的信心。

他在《鲁斯的理想——过去与现在》中讲道，今天的《时代》已经不需要再做新闻摘录了，因为电视与网络更善于此道。今天的《时代》要试图将单独的事件放入历史背景讲述，更注重为读者提供新的见解与远见，预测事件的未来可能，描写那些事件背后的场景，提出那些别人忘记的问题。

他接着还写道："今天的时代已经不同于60年代至80年代，政治偏见已经越来越无关紧要，常识正在扮演越来越重要的角色。尽管我们在文章中依然会表达出自己的观点，但我们更希望能为你提供开放式的观念，而非某种偏见。"鲁斯曾在1941年提出"美国世纪"的概念，因为他坚信美国的价值观念对于全世界大有裨益。而今天，我依然坚信，自由心灵、自由市场、自由表达意见与自由选择依然是《时代》所坚持的基本理念。

鲁斯与哈登相信地球是圆的，艾萨克森则接着补充道，地球还是连线与网络化的。《时代》将依然坚持对于"新事物的强烈兴趣"，执着于探讨这项新技术对任何社会的影响。在这项新技术带来的信息爆炸中，《时代》要扮演将零散事实连接成完整故事的叙述者角色，要成为讲述影响这些事件的关键人物的描绘者。

在这篇非凡的文章最后，自命不凡的沃尔特·艾萨克森认为：在新世纪，我们同样面临许多挑战，比如信息技术对个人隐私的侵害，生物技术对生命尊严的挑战，《时代》会依然抱有与鲁斯、哈登同样的乐观态度——相信世界终究在进步。因为这种乐观会带来真正的建设意义。鲁斯坚信新闻业是一个高贵的事业，因为作为一名新闻记者，他战斗在争取自由阵地的最前方。今天的《时代》编辑将继续分享这一感觉——新闻记者是一项崇高的职业。

当然，2000 年 1 月 14 日，时代华纳（Time Warner）与 AOL（美国在线）的合并或许稍微影响了沃尔特·艾萨克森的自信。大多数评论家认为，这不可避免地会影响到《时代》的编辑独立原则。沃尔特·艾萨克森在一周后的杂志“致读者”中写道，从鲁斯制定“国家与教堂”原则起，编辑的独立原则就已经不容怀疑。而这种独立原则已经深深地刻入了“我们”的 DNA 中，谁也无法破坏……

尽管这位当代最杰出的杂志编辑将 DNA 都摆了出来，但其不容置疑的语气却显现出某种悲壮。一个让人不安的事实是，不管是时代华纳的总编辑诺曼·珀尔斯坦（Norman Pearlstine），还是沃尔特·艾萨克森，都是通过新闻媒体才知道这一并购事件，事先的确不知情。在商人的游戏中，他们的理念似乎不够分量。

不过，或许鲁斯与哈登的乐观是有道理的，对并购事件仅仅陷入深深的忧虑，是于事无补的。《时代》的未来怎样？就让我们相信鲁斯与艾萨克森的乐观与自信吧。当年那两位一文不名的二十四岁的年轻人在一间墙壁破旧的印刷厂厂房内创办这本杂志时，拥有的仅仅是这些自信与乐观。

商业是使命也是游戏：《财富》

基本上，商业就是我们的文化，因为它就是我们时代的核心。

——亨利·鲁斯，《财富》杂志创始人

商业是性感的、充满戏剧性的，被一些活生生的人所驱动的。

——约翰·休伊（John Huey），
《财富》（*Fortune*）时任主编

20世纪20年代，当亨利·福特因为T型车的成功开始肆无忌惮地对社会问题发言时，商业仍然生活在政治与文化的阴影下，商业生活是隐秘而缺乏公众尊重的，商业人物是一群“唯利是图分子”。而时间到了 1939 年，IBM 总裁托马斯 · 约翰 · 沃森（Thomas J. Watson）已经开始对全世界讲述“文明的本质”了。到了 20 世纪 50 年代，伴随着彼得 · 德鲁克所言的“大型工业组织要取代常规政府”的进程，商业领袖们成了不苟言笑、高高在上、令人敬畏的家伙。而在 80 年代里根（Ronald Reagan）所鼓励的“贪婪时代”中，商人已经成为名利场中的利害角色，他们毫不羞涩地与电影明星和政客站在一起。而自互联网革命以来，我们都在想，商业世界竟然发生了这样的变化，比尔 · 盖茨（Bill Gates）、史蒂夫 · 凯斯（Steve Case，AOL 创始人）、杨致远、詹姆斯 · 克拉克（James H. Clark）成了全能冠军，他们不但是商人，更是发明家、思想家，甚至是时尚界先驱。他们创造了流行的硅谷生活方式，改变了艺术与我们生活的世界，甚至正如熟悉中世纪历史的惠普总裁菲奥莉娜 [Carly Fiorina] 所言，认为自己在创造第二次文艺复兴……

技术变革与社会文化的转化，在上述戏剧性变迁中扮演了关键角色，但我们必须同样承认，一本名叫《财富》的杂志也发挥了不可忽略的影响。它最初提出了商业在社会中扮演的核心角色，使公众认识到工业五百强的重要，并令企业报道逐渐成为新闻业中的新阵营……人们至今为这本杂志的创始人亨利·鲁斯的洞见吃惊不已。

1929年3月，这位年仅三十一岁的《时代》杂志出版人在一次公开讲演中说道："基本上，商业就是我们的文化，因为它就是我们时代的核心，控制着我们的生活，又同时允许我们去控制科学、技术，以及环球信用和环境的发展——简而言之就是现代企业。企业就是我们的生命，它是艺术家、牧师、哲学家、医生的生活必要条件，因为企业对艺术家或哲学家的生活情况问题具有一种决定性影响，普通人更是随时都必须与企业发生关系。"

四个月后，美国的企业界人士看到了鲁斯讲话的杂志版。一本一百八十四个页码、全部用重磅铜版纸印刷并配以最精美图片的《财富》杂志，重重地摔在了他们的办公桌上，而它的价格是闻所未闻的一美元——这给予读者一种难以忘却的身份感——当时一美元的购买力相当于今天的十美元，当时《时代》的年订阅价不过五美元。

鲁斯渴望这本杂志给他带来真正的成就感，因为

《时代》毕竟是由哈登与他共同完成的，而由于哈登是第一位总编辑，《时代》带有更鲜明的哈登而非鲁斯风格。由于他坚信商业将成为社会的核心力量（在选择刊名时，他在“权力”与“财富”之间一度犹疑，可见他笃信财富即权力），而在当时，除了《华尔街日报》（*The Wall Street Journal*）对商业进行并不全面的报道外，美国媒体对于商业界普遍缺乏兴趣与尊重。在经过两年的调查与试验之后，他决定出版这样一本“外观极尽豪华、插图极其珍贵、报道文章要怀有一种使商业在公众心目中获得应有地位的目的”的杂志。于是，我们在时代公司的历史文献上看到了当时对《财富》杂志的定义：

> 这份刊物将是美国现有刊物中最精美的出版物；它从头到尾都是权威性的；它将以最引人入胜的文字撰写，完全以事实为依据，深入浅出地报道商业界所关心的主题：它将以富有技巧的方式探讨商业道德的立场。

由于对哈登创造的《时代》饱经唾弃的特别文体耿耿于怀，鲁斯对《财富》杂志的写作风格有着令人惊异的追求。他在寻求编辑与作家时，不要求他们学会写商业报道，但一定要会写诗歌与散文，在第一批撰稿人名单中甚至出现了海明威，而《财富》的一些编辑在离职后也成为美国的重要作家。到了20世纪40年代，《财富》已经当之无愧地成为英语世界中写作最优雅的杂志之一。

1929年10月，在创刊号推出三个月后，股票市场崩溃，美国陷入了历史上最严重的经济危机。对一本报道商业的杂志来讲，这可能意味着灾难性的损害。而鲁斯却在危机之中看到了《财富》的未来，他相信，经济衰退与那些很少抛头露面的商业巨子关系甚大。他们所从事的不仅是私人性商业行为，更是与全社会相关的活动。所以《财富》有责任将企业内幕揭露出来。一直到20世纪40年代，《财富》的报道已成为一部分工商界人士的梦魇。它对缺乏商业道德行为的揭露，赢得了公众的信赖。

不管得罪了多少企业，到了1940年代，《财富》已经成为企业界的一种身份象征。它开创的企业故事、考究的叙述风格与不可多得的配图，当然还有一美元的昂贵价格，让那些高级管理人员非常乐意把它摆在客厅的显著位置。而对新闻界来讲，《财富》或许是促使商业新闻觉醒的最重要力量之一，激发了后来的竞争对手《商业周刊》(*BusinessWeek*)与《福布斯》(*Forbes*)投入竞争的欲望。它的“深度报道”变成了后半个世纪新闻业最热门的报道形式，而其对写作技巧的追逐则让商业报道更富有尊严与历史感。

当然，我们也看到了《财富》树立的自以为是的高傲感。曾任《财富》编辑的经济学家约翰·肯尼斯·加尔布雷斯(John Kenneth Galbraith)回忆道,《财富》的真正阅读者其实并不多，读者愿意购买它，却懒得读它。这种高傲感与战后美国开始兴起的工业社会的做派不谋而合。这是一个由通用汽车、IBM、福特汽车、美国钢铁公司构成的社会，它们等级森严，讲究权威。而《财富》在经过20世纪30年代的揭露式报道后，开始转向对企业组织的温和介绍。伴随着《财富》杂志成为这些工业巨头中的一员，它的报道口气开始愈来愈像一位企业领袖。在当时的时代风气下,《财富》成了工业社会的发言者与阐述者，企业开始迫不及待地希望《财富》来报道它们。1955年率先进行的“财富五百强”排名与每期四十八万的发行量，让它成为商业新闻世界中的奥林匹克。将近五十来，“财富五百强”成为美国工业界最热门的话题。全世界的媒体都以此为重要新闻进行报道，而进入五百强的企业更会名声大增。对于中国读者来讲，1999 在上海进行的财富论坛，让我们看到了《财富》杂志的影响力。

但傲慢的《财富》在 20 世纪 80 年代商业界发生的重要变革中错失了机会。华尔街的交易商开始把商业变成一种巨大的财富游戏，不再喜欢《财富》所尊崇的工业形态——一种严肃的盎格鲁—萨克逊式的自以为是。于是，《福布斯》与《商业周刊》的顺应潮流让《财富》陷入了某种痛苦。接着，以互联网为代表的新技术革命给商业带来更加致命的变革。商业早已超越了最初的范畴，渗透到每个角落，变成了我们的生活方式。对于我们的日常生活，首席执行官们比政治家们发挥着更大的影响。

媒体评论家说，《财富》杂志“每期都在与《哈佛商业评论》(*Harvard Business Review*) 争夺‘谁更乏味’的桂冠”，其发行量已经降至四十一万册，很多商业人士则像做家庭作业一样去阅读它。《财富》不得不开始响应商业变革。

约翰 · 休伊看来是位合适的人选。这位五十一岁、喜欢开玩笑的前《华尔街日报》记者在 1995 年成为《财富》的主编，他显然对于鲁斯曾经标榜的严肃商业报道原则不屑一顾：“一些人将商业视作如在教堂里祈祷一样神圣，但我却更倾向于将它看作热门的体育运动——就像全美橄榄球联赛。商业是性感的、充满戏剧性的，是被一些活生生的人驱动的……”为约翰·休伊的哲学做注解的是乔布斯（Steve Jobs）与拉里·埃利森（Larry Ellison，甲骨文公司 CEO）这样的作秀高手，商业领袖与技术天才的确正在成为新的文化英雄。商业不再意味着只是循规蹈矩地“组织人”，而是如何自我表现。

约翰·休伊努力使得《财富》杂志的每一篇故事都刺激人心，像一出伟大的戏剧。选择编辑记者时，他从不关心他们是否懂得股票市场或者商业准则，反而注重写作能力是否足以打动读者。休伊的努力让《财富》恢复了它往昔的活力，他自豪地说，《财富》的发行量已经升至七十八万份，在《广告周刊》（*Adweek*）进行的 1998 年年度最热门杂志榜中，《财富》排在了第七位，远远地把《福布斯》与《商业周刊》甩在了身后。但令人吃惊的是，使这份商业杂志起死回生的约翰·休伊却对商业缺乏热情，反而更钟情于将杂志办成一份无所不包的流行文化杂志，就像商业界的《时尚先生》（*Esquire*）杂志，而约翰·休伊本人对于嬉皮风格的热爱也尽显无遗。

我们无法想见亨利·鲁斯对后来的《财富》做何感

想，但这本杂志的确见证并改变了它生活的那个时代的商业精神。过去，它与刻板的工业王国紧紧相联、相互造势，其时的商业精神遵守的是19世纪自由竞争时代的商业理念，商人被清教理想约束，集中精力赚钱而非抛头露面；而今天，《财富》成了新经济的鼓吹者与新商业文化的缔造者之一，相信放纵的风格，笃信商业已不仅仅是专业操作，更需要个人表演能力与煽动性，商人已经成为社会的中心与最引人瞩目的表演者，他们是约翰·休伊喜欢而亨利·鲁斯唾弃的20世纪60年代反叛精神的延续。但是，有一点却始终没有变化，那就是亨利·鲁斯在七十年前的判断："商业就是我们的文化，是我们时代的核心。"

圣徒威廉·肖恩:《纽约客》

在评价怀特（E. B. White）的一部书信集时,《纽约时报书评》(*The New York Times Book Review*）提到了一张《纽约客》(*The New Yorker*)作家的群像（读者很少能见到）:“……从照片上看来，他们一个比一个忧郁腼腆，一个比一个眉头紧锁、态度畏缩，一听到细微的声音便如惊弓之鸟，平常则处于蛰伏状态。”

没有人比怀特更能代表《纽约客》在二十世纪三四十年代的风格了。这个一参加公众活动就头昏脑涨并且胃痛的男人，轻而易举地在文字中寻找声音、维度、旋律的完美搭配。幽默感、敏锐的紧张、孤独的忧伤、脉脉温情、行云流水……这些词汇似乎都不足以说明怀特的风格，怀特知道如何将这些元素比例协调地搅拌在一起，他一生都在推敲这种分寸感——左右彷徨、小心翼翼。怀特无法创造鸿篇巨作，这不仅因为才华与韧性的欠缺，还因为他令人绝望的完美主义。不过，如果一个人能够将给送牛奶人的信写得令很多作家彻夜不眠写出的作品黯然失色的话，他也没什么好抱怨的了。

当威廉·肖恩（William Shawn）在1935年成为《纽约客》的编辑时，这本以幽默感见长的文艺杂志正在走向第一个繁荣期。从某种程度上来讲，它仍是喧闹的20世纪20年代美国的产物。1925年，哈罗德·罗斯（Harold Ross）在他的桥牌搭档弗雷西曼（Raoul Fleischmann）的资助下创办《纽约客》杂志，想要记录下正在蓬勃兴起的大都市文化，包括令年轻人陶醉的爵士乐、百老汇歌舞剧，以及罗斯与那帮记者、明星、艺术家在阿尔贡金饭店（The Algonquin Hotel）里那些有趣甚至不无低级的玩笑。

喜欢在办公室里吵吵嚷嚷的罗斯具有天才鉴赏力。不过，他有时粗俗的举止却不妨碍他写信给尚未成名的年轻作家弗兰克·奥哈拉（Frank O' Hara）：“我不知道你未来会怎样，但如果我是你，我会一直坚持下去。”所以你可以想象当罗斯发现怀特时的惊喜，他可能隐隐意识到这个家伙正是急于确立自己独特风格的《纽约客》

所需要的人。而怀特也最终不负众望，与他最著名的追随者詹姆斯·瑟伯（James Thurber）一起缔造了独特的“纽约客”文风。

威廉·肖恩要命地喜欢《纽约客》，所以当这位二十六岁的年轻人从欧洲归来后，就加入了它。他喜欢写作，但肯定缺乏怀特那样的才华，所以在短暂地为“本镇絮语”栏目撰稿后，罗斯让他当了编辑。因为谁都看得出来他的头脑是多么清晰，多么善于看出文章的弱点所在，并教导作者修改。

沉默寡言却敏锐勤奋的肖恩成了热衷于更换编辑的罗斯的最得力助手。肖恩几乎每天工作十八个小时，每周工作七天。作家莉莉安·罗斯（Lillian Ross）在1945年去《纽约客》求职时，迟疑地不知该问些什么，因为她注意到执行主编肖恩穿着白色的衬衫，系蓝黑色的领结，着灰色外套，每个纽扣都扣着，满脸都是孩子气。对于怀特仰慕之至的莉莉安并不清楚对面这个人是谁，但是他的安静、绅士风度，与通常充满吵闹声和烟雾弥漫的编辑室内的编辑们截然不同。正是这个安静略显胆怯的人，帮助哈罗德·罗斯将《纽约客》由一本较纯粹的幽默文艺杂志转向更宽阔的领域。

1945年，肖恩说服罗斯用一整期《纽约客》刊登了约翰·赫西（John Hersey）长达三万一千多字的文章《广岛》(Hiroshima)，这篇卓绝的报告文学描述了原子弹爆炸的威力与被这种恐怖力量摧毁的居民的命运。结果，这篇文章不仅成了新闻史与文学史上的一篇标志性作品，也成了《纽约客》的转折点。《纽约先驱论坛报》(*The New York Herald Tribune*）评论说，这本杂志已经摒弃了"习惯的谐噱、讽刺与漫画式的传统"，获得了巨大的成功。

詹姆斯·瑟伯在回忆录中说，"倘若没有肖恩的艰苦工作与经常性的建议，罗斯是无法创造在二战期间精彩绝伦的编辑成就的"。到1952年罗斯去世时，几乎没有人会怀疑四十三岁的肖恩是接班人，正如当时的编辑吉尔所说："我们几乎不觉得还有别人可以胜任这个位置。"

罗斯固执地认为，杰出人士必须遭受宠爱与纵容，所以《纽约客》编辑部内充斥着一些神经兮兮的大孩子，他们随时可能翻脸，也随时可能做出奇怪的举动。怀特在其盛年离开了一手缔造的《纽约客》，因为他想一个人清静清静，类似的奇特行为还发生在后来的塞林格（J. D. Salinger）身上……不过，肖恩却在这群刻薄而敏感的艺术家与作家中获得了几近一致性的尊崇。

成为《纽约客》总编辑的威廉·肖恩先生看起来依旧是一个不折不扣的小人物，尽管他编辑着一本或许是英语世界中最杰出的杂志。他身材矮小且毫无吸引力，从不过夜生活，甚至认为一顿丰盛的午餐不过是在阿尔贡金饭店的“罗斯厅”（纪念哈罗德·罗斯）点上一杯橙汁与一份燕麦片。他还受不了自动电梯，多年之后《纽约客》的办公楼依旧专门为他保留着一架人工电梯。

当二十五岁的年轻作家韦德·梅塔（Ved Mehta）第一次与肖恩通电话时，甚至不知道对方是谁，尽管他是如此崇拜《纽约客》。肖恩从不允许自己的名字刊登在杂志上，作为他倔强性格的反映，他也从不在《纽约客》上刊登自己的电话。除了向大学生不打折扣外，它也不怎么在乎广告商。肖恩尽量避免谈论自己，除了他最亲近的朋友，没人知道他的出身状况。与怀特一样，他也不接受采访，只是偶尔会接受演讲邀请，而且只有在说到那句“我在芝加哥长大”时，他才听起来言语流畅。

在哈佛念书的韦德·梅塔与同学在校园里遇到肖恩一家时，觉得他们仿佛全部来自小人国，因为他们是那么不起眼。梅塔多么希望告诉身边的同学，这就是编辑出《纽约客》的人。

肖恩与罗斯太不相同了，这种差异之大类似于后来的蒂娜·布朗（Tina Brown）与肖恩。肖恩也喜欢幽默，但是幽默在肖恩时代却已不再是《纽约客》的标签。一方面，那一代杰出的幽默作家怀特与詹姆斯·瑟伯都已老去，但新一代还无法把握住他们的神韵；另一方面，肖恩个人比罗斯更具有严肃的社会意识。正如怀特曾写到的，罗斯是20世纪20年代的产物，那是一个喧闹的年代，而肖恩则是30年代的产物，那是人们在街头兜售苹果的凄惨岁月。

《纽约客》在肖恩的年代除了保持固有的文学成就外，更变成了探讨严肃社会议题的舆论领袖。当然，肖恩从来不把自己当作领袖看待，他愿意把自己知道的一切和他的作家与艺术家们分享。后来成为他终身亲密伴侣的作家莉莉安·罗斯说，肖恩是一个诗人与小说家，终身保持着对写作的渴望，但当成为编辑后，他便将这种才华完全贡献给了他的作家，所以他比别的编辑更能体会到当作家的障碍与欢欣。他是那么低调，称所有的人为“先生”，并保持着父亲般的奉献精神，很多《纽约客》的作家在其著作上都会写上“献给肖恩先生”。韦德·梅塔在刚开始为《纽约客》工作时，发现肖恩先生竟然会在任何时刻都耐心地给他打电话，为了一个不那么重要的细节而反复讨论，使他觉得似乎肖恩只对他这一名作家负责，他常常怀疑肖恩怎么会有那么多时间，去与那么多作家进行类似的交流。

肖恩的完美主义使《纽约客》成了新闻界“奥林匹斯山上的宙斯”。很多稿件都是经过一年以上的反复修改之后才完成的。尽管一些作家抱怨终稿失去了最初的神采，但这样的慢工的确将错误减少到了最低。肖恩将一本杂志推向了它不应该具有的位置——甚至比书籍更耐读与准确。美国的几代作家都知道，成名的最简捷方式是在《纽约客》上刊登作品。你可以想象二十三岁的杜鲁门·卡波特（Truman Capote）因为在《纽约客》上发表小说就名扬四海吗？就像韦德·梅塔回忆的，你在这本杂志上发表文章，就意味着你会被广泛地谈论。约翰·厄普代克、菲利普·罗斯（Philip Roth）、塞林格等战后美国最好的作家，都与《纽约客》保持着密切联系。塞林格更是称肖恩为“最不可思议的天才艺术家编辑”。

从1945年的《广岛》报道之后，肖恩继续让《纽约客》保持着社会良心的领导角色。尽管他从来都是那样温和，但却暗暗使《纽约客》承载了更多的教育使命。20世纪60年代初，杂志发表了著名黑人作家詹姆斯·鲍德温（James Baldwin）关于黑人凄惨命运的小说，成为民权运动中最著名的篇章之一；雷切尔·卡尔森（Rachel Carson）的作品《寂静的春天》（*Silent Spring*）也是最初在《纽约客》发表，并掀起了环保主义风潮的。一次，肖恩邀请政治哲学家阿伦特（Hannah Arendt）为杂志撰写关于极权主义的文章，阿伦特担心这样的题目对读者来说太艰深，但我们的肖恩先生却用他著名的缓慢语气回答说："不，他们需要读这些。"

在文学形式上，肖恩则加强了《纽约客》"文学性新闻"（literary journalism）的影响力。1965 年，卡波特在此发表了纪实性小说《冷血》（*In Cold Blood*）。这部以一桩离奇凶杀案为题材的冷静而富有想象力的作品，除了给卡波特带来巨大的荣誉外，也使"新新闻写作"成为 20 世纪 60 年代最有影响的文学与新闻界的变革。

肖恩以他的谦和与创造性赢得了几乎一致性的尊敬。普通读者依旧不知道威廉·肖恩是谁，但是在文学界与新闻界，他却是圣徒的象征。正如阿伦特评价的："行为与判断有如圣人，肖恩具有完美无瑕的道德尺度。"

当不知深浅的汤姆·伍尔夫（Tom Wolfe）以肖恩为题撰写了人物特写《小不点木乃伊》（*Tiny Mummies*）并准备发表在《纽约先驱论坛报》时，肖恩写信给该报的发行人约翰·海·惠特尼（John Hay Whitney），请求压下这篇稿子，但伍尔夫的编辑克雷·菲尔克（Clay Felker）公开了这封信。文章发表后，整个新闻界以前所未有的庄严感自发地向伍尔夫展开了全面讨伐。约瑟夫·艾尔索普（Joseph Alsop）、默里·肯普顿（Murray Kempton）、纳特·亨托夫（Nat Hentoff）公开诅咒这篇文章；德怀特·麦克唐纳（Dwight Macdonald）则在《纽约时报书评》上发表文章，攻击伍尔夫；沃尔特·李普曼毫不讳言地说他视伍尔夫为"一头无能的驴子"；已经退隐的塞林格用一封只有一句话的电报向惠特尼开火，宣布将与这件事有关的所有人永远为敌。据说菲尔克因其所作所为被世纪俱乐部拒之门外（这是对他罪行的正当惩罚），而《纽约先驱论坛报》在此事后不久确实关门倒闭，《纽约客》则卖出了比往年多得多的广告。

美国新闻界在20世纪70年代迎来了类似20年代的重大变革。随着越来越多的媒体公司将自己推向华尔街，新闻业的纯真年代结束了。媒体不再仅仅是编辑记者的手工品，更被股东与盈利需求所左右，但肖恩主持下的《纽约客》却似乎依旧保持着哈罗德·罗斯时代的单纯。罗斯对于编辑人员的溺爱简直令人难以想象，他从不允许经营部门走进编辑部的大门，似乎也从不考虑他的商业合伙人弗雷西曼的感受。如果《纽约客》赚了更多的钱，那么就必须提供更高的报酬给作家们。强势的罗斯使弗雷西曼无可争辩，但随着杂志的成功，后者也的确赚了更多的钱。到了弗雷西曼的儿子彼得·弗雷西曼与肖恩搭档时，前者对后者的尊敬犹如儿子之于父亲，没人质疑这是一本以编辑部为核心的杂志，或者说这是一本肖恩个性的杂志。肖恩几乎一个人完成所有工作，很少考虑是否该把工作分给别人。当小弗雷西曼在1974年的股东大会上被人问道“肖恩先生是否有副手时”，这位发行人不能肯定地支吾道："我想他没有。"他的确不了解编辑部的情况。

肖恩自己也清楚《纽约客》杂志多么与众不同，它从不需要取悦市场，也没有经营压力，不但盈利，还利润丰厚。在20世纪70年代中后期致编辑人员的一封信中，肖恩承认，《纽约客》的编辑部简直是在一种完全理想的状况下运行的。别的地方以商业分析为导向，而这里完全是另一个极端。而在此之前与在此之后，这种情况都不可能得以维系。当越来越多的人为肖恩之后的《纽约客》担忧时，他却没有做好寻找接班人的工作，而是挑选了年轻的编辑乔纳森·谢尔（Jonathan

Schell）作为继承人。虽然谢尔是一个杰出的记者，可他并非一名好的主编，总是刻意模仿肖恩，却不了解肖恩的真正魅力所在，这个试探性的任命在一片抗议声中夭折了。

到了20世纪80年代，《纽约客》面临着一个越来越严峻的生存环境。媒体世界已经变得庞杂无比，电视取代了过去的印刷品成为核心力量。人们也越来越追逐有趣的东西，1974年创刊的以电视明星为报道对象的《人物》杂志大获全胜。《纽约客》严肃的报道方式虽然依旧盈利，但是利润却越来越微薄。1974年，它的销量已跌至每期四十八万五千份，1983年虽增至五十一万份，但一年以后又跌至五十万份。

所以到20世纪80年代初，关于《纽约客》将被出售的传闻已经出现。伯克希尔·哈撒韦公司的沃伦·巴菲特（Warren Buffet）与福特基金会的负责人麦乔治·邦迪（McGeorge Bundy）都曾私下与肖恩联系，倘若出现意外，他们愿意出资帮助肖恩，延续《纽约客》的传统。但肖恩都婉言谢绝，且从未将此事告诉发行人彼得·弗雷西曼。

但最终彼得·弗雷西曼还是抵制不住纽豪斯出版集团一亿四千两百万美元的出价。1985年，以出版小报与空洞的时尚杂志为主业的萨缪尔 · 纽豪斯（Samuel Newhouse）拥有了他垂涎已久的《纽约客》。这项交易最初并未激起肖恩与其他作家的愤怒。因为纽豪斯已经信誓旦旦地承诺将继续保持《纽约客》的传统，还公开宣称肖恩是他的精神导师之一。而肖恩也一直对纽豪斯不无好感，觉得在 20 世纪 60 年代时自己曾在某个俱乐部见过这个孩子。他的信心也体现在当期的《纽约客》中，他破例在杂志上写道："《纽约客》商业经营的所有权或可以易手，但是《纽约客》的基本构想——《纽约客》的传统、《纽约客》的精神——从来不曾为任何个人所拥有过，也是不能被买卖的，它存在于许多作家、艺术家、编辑和编辑助理的心底深处，他们为了文学、新闻、美学、道德原则的共同理想而结合在一起工作。"

但肖恩显然过于乐观了。已经七十六岁的他，是世界上最年长的主编，尽管头脑依旧敏锐，但一些人或多或少已经觉得他有些不合时宜。他们批评肖恩将《纽约客》变成了一个老友俱乐部，因为他舍不得解雇与他相伴多年的作家与艺术家，而且为了照顾他们，还不得不发表一些已经不再受欢迎的作品。杂志的销量与广告额继续下降。

在 1987 年 1 月的一封公开信中，纽豪斯强迫肖恩在当年 3 月 1 日退休，并选择罗伯特·戈特利布（Robert Gottlieb）而非肖恩推荐的查尔斯·麦格拉斯（Charles McGrath）作为继承人。这个令人震惊的声明，使肖恩感觉到一种背叛。不过，比肖恩更愤怒的是《纽约客》的一百五十多名艺术家与作家。一种类似于亚特兰蒂斯沉没的绝望感扑面而来。整整三十五年来，肖恩指导着《纽约客》有条不紊地运转，几乎要克服年龄的障碍，将这种指导永久性持续下去，因为人们暗暗意识到，肖恩的职位，会有合格的继承人出现吗？

那次发生在《纽约客》总部的抗议成了全美新闻报道的中心。同情《纽约客》作家群的媒体哀叹这是“一个时代的终结”，而反驳者则相信，这是再自然不过的人事变更，那些抗议的作家是一群被宠坏的孩子，实在不够成熟。《华盛顿邮报》的著名专栏作者理查德·科恩（Richard Cohen）刻薄地写道：“《纽约客》的作家，其中一些你可能认为早已死掉了，其他一些作家则像逝去的人一样写作，他们抗议肖恩被突然替换了——经过仅仅三十五年之后。”

纽豪斯的举动使肖恩最后两年的任期看起来像一个过渡，他在 1985 年表达的对肖恩的推崇似乎完全是为了稳定人心。但是据莉莉安·罗斯回忆，肖恩从未责怪过纽豪斯，他对后者依旧充满着某种父亲般的情感。肖恩的告别书弥漫着一个七十九岁老人的伤感，并暗暗流露出他所推崇的那些品质正在变得不合时代节拍："在这混乱的时刻里，我五味杂陈，茫然不知所措，几乎静不下心来和诸位道别……我们用诚实和爱心完成了我们的工作。《纽约客》……曾经是最高雅的杂志，或许可以称它是空前伟大的杂志，但是这份工作上的成就比起我与诸君之间的情谊，意义变得微不足道。真正最重要的，在于你我曾经共同工作……我们曾经不断地努力，试图发掘事实、传播真理。"

在与肖恩长达半生的相处中，莉莉安·罗斯发现这个男人总是被一种死亡感压迫着，很少有放松感，必须时刻通过工作来对抗死亡对他的召唤。他有妻子与两个孩子，他的家人与朋友知道他与莉莉安的情人关系，因为他与她都不喜欢虚伪的隐瞒。他热衷于音乐，他的家是《纽约客》作家们喜欢去的地方，他为客人们弹钢琴。在他年轻的时候，他的音乐天赋使他成为《纽约客》作家聚会时的明星。他几乎从不外出度假，书桌是他自认为最好的休息场所。

现在他退休了，他的确有点兴奋地重操旧业，他开始写作剧本。三十五年以来，肖恩先生与《纽约客》紧紧相连，被它诱惑与吞噬了全部精力与时间，但也使他本人成了新闻史上最温柔、最伟大的独裁者，一些作家声称竟然在他身上发现了丘吉尔式的特质。

但一直到1992年12月8日死亡之日降临前夕，肖恩还打算与新总编蒂娜·布朗一起探讨《纽约客》的未来。在戈特利布继任后，杂志的销量与广告依然不见起色。肖恩甚至一直期待纽豪斯能够再次询问他的意见，随时准备再次投入全部精力帮助这本杂志。当以拯救《名利场》（*Vanity Fair*）而闻名的蒂娜·布朗继任戈特利布之职时，纽豪斯已准备要完全抛弃肖恩那一套了。但肖恩对他的继任者并没有发表过任何负面评价，反而总是期待能够提供自己的帮助，只是从未有人问过他。

1992年10月5日，在蒂娜·布朗主编的新一期《纽约客》的封面上出现了朋克形象。这已是一个令八十五岁的肖恩不安的世界了，人们寻求的是明星、刺激而非隽永的文字天堂，今日的主编追求的是将自己包装成明星，而非兢兢业业地为作家服务。那些羞涩、敏感、莫名其妙的同辈已经离去，怀特、詹姆斯·瑟伯都已不再，而塞林格也躲进了森林中不愿出来。只有跟他们在一起，肖恩先生才能感到从容。

2002年的《纽约客》依旧是一本美妙的杂志，依旧令人尊敬，它甚至在2001年的国家杂志奖中获得了五项大奖。但是谁都清楚，它不可能再像肖恩时代那样无可匹敌。正如肖恩自己都承认的，他任期内的《纽约客》，没有前人，也不可能被延续。

旧日的“生活”结束了？

对于亨利·鲁斯三世来说，2000年不是个好开端。先是在1月24日，他目睹了父亲亨利·鲁斯创办的时代集团被一家只有十五年历史的网络公司兼并。接着在3月17日，鲁斯创办的那本具有标志意义的杂志《生活》(*Life*)宣布停刊。尽管《生活》主编亨利·穆勒宣称停刊的理由是“《生活》缺乏明确的市场定位，经营太失败，公司希望集中财力，投资在定位更明确的新杂志上”，但是悲观与怀旧的人士还是本能地将这两个事件联系起来，哀叹“旧媒体之死”。

美联社对后一条新闻是这样描述的：“美国杂志工业失去了一个最古老而著名的名字。”对熟悉杂志历史的人来讲，这句话绝不夸张。在1936年11月，这本用著名的红色字符“Life”标明的杂志出现在美国街头前，没有人会想到一本杂志竟然可以主要由摄影图片组成。创办人亨利·鲁斯把电影的视觉效果带入杂志，实现了新闻史上空前的变革与成功。而伴随着亨利·鲁斯所预言的“美国世纪”的到来，《生活》杂志几乎像好莱坞电影一样成为美国人观察世界方式的一种标志。几十年间，它充分体现了鲁斯对该杂志的观点：“观察生活，观察世界，见证伟大的变化，目睹可怜与骄横的仪容相貌，注视奇异的存在——机器、军队、大众、丛林的树影和月亮的明暗。看看男人的工作——他的成就和发现，看看千里以外的事、藏在墙后和房间里的事、即将来临的危险、男人们所爱的女人和无数的孩子。去观察，然后在观察中获得愉悦；去观察，然后去惊讶；去观察，然后学习观察……”

有了上述的背景，你就可以了解这本杂志的停刊为何引起如此的轰动。像全球一百六十万订户一样，我同样热爱《生活》用精美图片描述世界的方式，也为它的停刊惋惜。但是这个事件绝不能被简单地理解成是“旧媒体之死”。这个世界也绝不是史蒂夫·凯斯所叫嚣的“欢迎来到Internet世纪”。当我们顺着技术的发展线索来梳理《生活》的发展史时，其中的真相便开始不断显露出来。

《生活》的成功依赖于电影观念。它抛弃了杂志用文字讲述世界的方式，而选择了用形象来描述世界，因此《生活》可能是人类历史上第一本准意义上的“电子杂志”。彼得·德鲁克这样评价这一点：“200年后，有可能出现另一种描述历史的方式，‘从鲁斯的《生活》到……’因为鲁斯的《生活》杂志不仅是旧时代的最后一个，也是新品种的第一个。”

德鲁克在做出如此评价的同时，也表明了这样一层意思：伴随着电子媒体的成熟，《生活》必将被取代。因为诸如《时代》这样以文字为主的杂志，隐藏了更多可供思考的空间。而《生活》则缺乏这样的思考空间，更多的是提供直接的视觉刺激，这一点正是后来的电视与网络的特性。所以，《生活》是文字杂志与电视和网络之间的过渡产品。它从一开始已经为自己设定了一个尴尬境地。所以，尽管它在前期取得了巨大的成功，但一旦电视普及时，《生活》便开始面临危机，因为更直接与连续的画面冲击了摄影图片的魅力。

我们必须正视这个现实：《生活》在1972年停刊已经说明了它在电视时代的不合时宜。你当然口可以反驳道，像《国家地理》(*National Geographic*)这样的图片杂志不是依然生气勃勃地生存下来了吗？但事实是，《国家地理》是一本针对性极强的杂志，而《生活》则是一本更类似于新闻图片摄影的杂志。对于新闻画面的处理，人们当然更有理由选择ABC或者日后的CNN。

穆勒把1978年《生活》的复刊理解成“更多出于怀旧而非经营目的”是有其充分理由的。在此之后二十年间，尽管《生活》并未亏损，但始终缺乏清晰的定位。而且在这期间，电视与网络等电子媒体得到了空前发展，《生活》面对这样的挑战，显然已经缺乏生气。

穆勒所说的“出于怀旧”的复刊目的，无意中暴露了《生活》再次停刊的另一个重要原因。1978年，作为传统媒体的时代集团似乎还有怀旧的心情，他们像鲁斯一样坚持“一本杂志就是一个生命”，对其经营的产品深具感情。而《生活》所采取的用照相机记录历史的方式，也决定了这本杂志的性质是怀旧的。正如美国学者苏珊·桑塔格（Susan Sontag）在《论摄影》中写道的：“照片能使人们在想象中拥有缥缈的过去……摄影是挽歌式的艺术，是衰老的艺术。”事实上也正是如此。这二十年以来，《生活》杂志把生机勃勃目击世界的任务转交给了电视，自己则不自觉地陷入怀旧之中。

但是，怀旧却是这个网络时代所无法容忍的一种品质。互联网强调的是速度，是以忽略历史感为前提的，而如果缺乏了历史感，怀旧便不可能存在。进入 AOL 时代的时代华纳集团，似乎已经无法容忍一本这样的杂志，他们需要把金钱投入到能够更直接产生经济效益的项目中。

当然，在自以为是地分析了这么长之后，我可能犯了一个低级错误。像历史上不断涌现出的软弱的伤感主义者一样，我把一桩简单事件夸张成了一个历史性事件。可能《生活》的停刊仅仅是一件无须宣扬的商业事件，与我们的生活无关。而互联网也并未给我们的生活带来怎样可怕的转变，旧媒体也并未消亡，《时代》不是也正要出另一个版本吗？我突然意识到，对整桩事件唯一应该感到痛苦的只应该是亨利·鲁斯三世，因为那是他父亲的杂志。但也不一定，亨利·鲁斯三世似乎还没有我表现得这么大惊小怪。

拯救衰亡：《洛杉矶时报》

"瞧，所有人全在坠落。"

——里尔克（Rainer Maria Rilke），《秋》

奥蒂斯时代

20世纪60年代，杰出报纸的标志是它的华盛顿分部与驻外记者的实力，政治与外交是那个时代的核心。但在1958年前，《洛杉矶时报》（*The Los Angeles Times*）却被杜鲁门（Harry Truman）总统称为"全国倒数第二的报纸"。

创办于1881年的《洛杉矶时报》与美国这座西部

城市一样，虽然成长迅速，但却混乱、粗俗不堪。这份家族报纸见证了城市人口的几何数膨胀、好莱坞的兴起，并从这一切变化中赚取了巨额利润，可正如洛杉矶所代表的西部城市在纽约、华盛顿所代表的传统东部势力面前掩饰不住的暴发户感一样，它显然无法赢得《纽约时报》《华盛顿邮报》与《华尔街日报》那样的身份感，其编辑质量与倾向性过强的政治立场简直令人作呕。

作为这份家族报纸第五代女主人的桃乐西·钱德勒（Dorothy Buffum Chandler）雄心勃勃、气质高雅，为了洗刷报纸略显耻辱的形象，她除了参与东部人的聚会外，还以不知疲倦的热情募捐修建洛杉矶音乐厅，与西部的电影界、音乐界新贵们交往。当她在 20 世纪 60 年代出现于报界出版人聚会时，《纽约时报》发行人苏兹伯格（Arthur Ochs Sulzberger）、《华盛顿邮报》的格雷厄姆（Katharine Graham）对她的态度都极为尊重，并小心谨慎地掩饰对其丈夫——《洛杉矶时报》发行人诺曼·钱德勒（Norman Chandler）的鄙夷。

虽然桃乐西未能改变丈夫的作风，但却在儿子身上收获到希望。当然，当 1960 年诺曼·钱德勒宣布将权力逐渐移交给其子奥蒂斯·钱德勒（Otis Chandler）时，时报的员工与股东们很不看好这位年仅三十二岁的新统治者。他太英俊,像一个花花公子,身材瘦长、下巴突出、肩膀宽阔，一副运动员的好身材。他投铁饼的水准仅比世界纪录少了八英寸。若不是一次意外的事故，他很可能入选 1952 年奥运会的美国队。他喜欢汽车与美女，并痴迷于冲浪。人们相信，他对冲浪板的感情远远大于报纸。时报员工们听到奥蒂斯说的第一句话是“哇”，表现出他对自己新职位的缺乏准备。

不过，花花公子同样可以成为杰出的领袖。肯尼迪不是把在哈佛的风流表现同样带入了白宫吗？一直到大学毕业，都没有人相信小托马斯 · 沃森会成功经营 IBM，结果他却让世界大吃一惊；还有纳尔逊 · 洛克菲勒（Nelson Rockefeller），不是也成为杰出的副总统了吗？……时报员工们很快认识到，在这串名单中要加入奥蒂斯 · 钱德勒的名字了。果然，从 1960 年成为发行人起，奥蒂斯 · 钱德勒这个英俊非凡的年轻人利用二十年时间玩了一个令全世界瞠目结舌的游戏。

当他上任时,《洛杉矶时报》甚至在加州首府萨克拉曼多都没有设记者站。但很快奥蒂斯就在纽约、芝加哥、休斯敦、东京、墨西哥城、香港、罗马、莫斯科、伦敦、西贡、新德里设立了《洛杉矶时报》的分支机构。他认为,《洛杉矶时报》倘若要与东部的《纽约时报》一争高下，就必须抛弃西部粗俗的做派，接受东部新闻界的游戏规则。他说服《纽约先驱论坛报》华盛顿分部负责人罗伯特·多诺万（Robert J. Donovan）跳槽，在整个华府，多诺万是仅次于《纽约时报》的詹姆斯·莱斯顿（James Reston）的第二号明星，知道如何优雅地报道政治新闻，并以翩翩风度赢得了信任。

拥有多诺万是《洛杉矶时报》变革的第一步，一下子就获得了同行们的尊敬。像本·布莱德利（Ben Bradlee）改组《华盛顿邮报》一样，奥蒂斯·钱德勒马不停蹄地招徕明星记者，慷慨地给他们最好的待遇、最宽松的环境、最自由的表达空间。在这样以智力取胜的行业中，明星记者们迅速让这份曾经丑陋不堪的报纸跻身于最杰出的报纸之列。奥蒂斯不但支持编辑们的超然立场，还设立书评专刊、星期六杂志，将报纸的报道范围扩展至科学、教育、工会等诸多领域，使得这份报纸不再仅仅意味着犯罪、庸俗的市民生活与政治上的强烈右倾。这位一点儿也不像知识分子的发行人似乎无比相信一点，那就是杰出的编辑品质才是报纸成功的最关键要素。他对编辑部的阔绰举动正基于此。《洛杉矶时报》在美国国内与国际新闻上的表现，开始让它跻身于美国主要几家全国性报纸的行列。在支持从越南撤军、声援劳工运动与黑人权益方面，这家西部报纸甚至比传统舆论媒体更富正义感。

尤其是在对尼克松（Richard Nixon）的态度方面，奥蒂斯显著表现出与先辈的不同之处。出自加州的共和党人尼克松是诺曼·钱德勒的朋友，诺曼在他的报纸上几乎毫不掩饰对共和党的支持。在1954年国会中期选举时，《洛杉矶时报》甚至为尼克松提供舞台全力攻击民主党。这种无赖作风为时报赢得了卓著的恶名。但当奥蒂斯上台后，时报开始逐渐公正地引用两党的言论。到1970年，时报已经刊出这样的标题——《从越南撤军》，以此来表示对尼克松政策的不满。

大卫·哈伯斯塔姆（David Halberstam）在《掌权者》（*The Powers That Be*）一书中说："只经过一代人的努力，《洛杉矶时报》就从全国最差的报纸之一，一跃成为最优秀的报纸之一了。"并进一步认为，在东部，只有洛克菲勒家族与苏兹伯格家族加在一起才可能与之媲美。事实也正是如此，20世纪60年代末，该报的发行量已经突破百万。除了名声斐然外，奥蒂斯也为家族生意赚到了更多的钱。1968年至1980年，该报所属的时代镜报集团（Times Mirror Broadcasting Company）的收益额增加了四倍。而该集团除了时报外，还拥有电台、杂志、图书出版等业务，在1977年财富五百强排名中名列二百三十二位。现在在出版界，只有时代出版集团比它更庞大，桃乐西·钱德勒可以毫无愧色地与格雷厄姆与苏兹伯格站在一起了。

遵循着传统报业的习惯——拥有伟大的新闻产品，财富的获得是必然的——奥蒂斯将《洛杉矶时报》成功地从暴发户过渡到以杰出人才、最新电脑设备与公正的编辑理念为核心的文明的新型报业巨子。到了1980年退休时，《洛杉矶时报》已经被普遍视作全国最佳的三至四份报纸之一，与《纽约时报》《华尔街日报》《华盛顿邮报》比肩而立。

不过，奥蒂斯终未能压抑住对冲浪还有年轻姑娘的热情。1980年，这位五十三岁的报业巨子退出日常管理，变成了名誉总编辑与董事局主席。而他建立的管理层顺利地将时报带过80年代，并创造了一百二十万份的日发行量纪录。

威尔斯时代

进入20世纪90年代以来，《洛杉矶时报》进入了发展停滞状态。1995 年，华尔街宠儿马克·威尔斯（Mark H. Willes）成为时代镜报的首席执行官，他雄心勃勃地试图改变现状，结果却将《洛杉矶时报》引入了尴尬的境界。

卖早餐出身的威尔斯因为缩减开支而赢得“解雇杀手”的绰号。他是华尔街的挚爱，却是编辑的死敌。这位传统公司的负责人显然不了解一张伟大的报纸意味着什么。成为时代镜报集团掌权人后，他大幅缩减编辑经费，大量裁减编辑记者，关闭包括《纽约日报》（*Newsday*）这样的分公司，甚至鲁莽地打破了报业中的长期传统——编辑权与经营权的分开。威尔斯将报社看作一家简单的产品生产公司，编辑部不过是像市场部门、广告部门一样的平行部门。他在报社内设立总经理，全权负责所有事务，然后将不同版组演变成不同的生产部，每个部门由一位经营人员负责，称作“产品经理”，每版编辑与“产品经理”一起商讨确立版面内容。

为了吸引广告客户，《洛杉矶时报》推出“垂直客户产品”，比如销售人员发现《洛杉矶时报》在富有的金融业广告中缺乏份额时，产品经理就与编辑坐下来一起讨论设立“投资版”，广告商驱动力正在慢慢取代“读者的需要”。同时，迷恋于数据增长的马克·威尔斯不仅想看到广告额的增长，还希望将发行量提高。为此，报纸的价格降低到了二十五美分，新闻的标题与图片加大。为了吸引文化程度不高的读者，图表的比例更是被大幅增加。这位没有任何新闻背景的最高长官说，他喜欢富有情感而非理性分析的故事，因为这样容易吸引女性读者。

马克·威尔斯的理念很简单，那就是必须打破编辑部门与经营部门各自为政的状态，他们都应该为报社的整体利益考虑。尽管一些编辑说，威尔斯的举动至少打破了报社内的沉沉死气，但是相当多的编辑人员则对此充满怀疑。一位叫詹姆斯·瑞尼的地区版作家甚至开始怀念 20 世纪 80 年代初的岁月。当时，作为年轻记者的他亲眼看到编辑吉姆·李维如何坚守横在编辑部与经营部之间的那道墙：虽然该版的编辑与广告部员工在同一个大工作间办公，但这个满头白发的强势编辑只要看到广告部人员靠近编辑部这边，就会大声喊道："你这个广告蠢蛋，你到这边儿干吗？"

尽管马克·威尔斯在任期间，《洛杉矶时报》所属公司时代镜报集团的股价上涨了三倍，但分析家指出，这种短期盈利是在出卖未来为代价，是建立在葬送奥蒂斯·钱德勒建立的良好声誉基础上的。终于，在 1999 年，以商业需求主导新闻操作的《洛杉矶时报》犯下了致命的错误。它的广告部门与当时洛杉矶新建体育馆斯台普斯中心（Staples Center）签下了利润分成协议，而编辑部在不知情的情况下大幅度地报道了该体育场馆，刊登出一篇软广告性的报道。这则被其他媒体披露的新闻迅速成为美国新闻史上最著名的丑闻之一，整个舆论界表现出极大的惊恐——美国最著名的新闻机构之一居然公然出卖它的新闻理念。

对此，三百名《洛杉矶时报》员工联名发出抗议信，对编辑人员被暗藏的商业利益无耻利用表示深深的震惊，并相信报社的信誉已被颠覆性破坏，因为这等于向公众暗示，新闻是可以被收买的。奥蒂斯为此致信全体编辑，对于商业利益如此公然地侵犯编辑独立原则表示强烈愤怒，声称这个举措“不可置信的愚蠢”，无耻地“滥用与利用”了编辑人员。《洛杉矶时报》也在头版上刊登道歉信：“当编辑独立原则与商业利益冲突时，毫无疑问，我们将首先考虑编辑原则……”包括马克·威尔斯在内的所有高层人员不得不出面表示歉意，并承认，报纸需要重新确立编辑部与经营部门之间的界限。

这份曾经如此伟大的报纸陷入了空前的混乱与不

安，它的大量杰出记者转投《纽约时报》，而剩下的编辑记者们更是惶惶不安，他们依旧不熟悉新的游戏规则。每个部门由不懂新闻的产品经理负责，当一位记者外出几天采访时，他就会担心回来时自己的职位是否已经丢失，因为竞争者很可能说服产品经理采取这种非理智性措施。批评家则几乎一致性地将指责泼到了马克·威尔斯身上。这位华尔街宠儿在任期五年内尽管一直试图获得更多利润，但公司股票在美国历史上最著名的牛市期间却几乎没有任何实质增长，发行量也加大了亏损，新增加的读者群缺乏实质的商业价值。更重要的是，在以信誉取胜的报业，《洛杉矶时报》的新闻理念备受怀疑，士气跌到了谷底。

最终，这种混乱局面致使时代镜报集团成了收购对象，论坛报业集团（Tribune Publishing Company）出资九十亿美元于 2000 年 3 月兼并了该公司，并付给威尔斯介于八千五百万至一亿美元的解雇费。收购完成之后，五十八岁的报人约翰·卡罗尔（John Carroll）当上了《洛杉矶时报》的新掌门人。

卡罗尔时代

曾任《巴尔的摩太阳报》（*The Baltimore Sun*）总编辑的卡罗尔，经历过多年的报人生涯，十分“喜欢重新塑造报纸，而不是照看它”，还曾在1998年被“全国新闻基金”授予“年度编辑”的最高荣誉，被普遍称为“记者中的记者，编辑中的编辑”。可到了2000年3月，他已对自己在《巴尔的摩太阳报》的职位厌倦至极，因为他虽然曾使这家曾经停滞不前、缺乏生气的日报重获青春，但却已经在这个职位上待了九年。

所以当与卡罗尔相识多年、并提名他接手尼曼新闻基金会的杰克·富勒（Jack Fuller）找上门来，询问他是否愿意成为《洛杉矶时报》的总编辑时，正犹豫是否去哈佛大学担任尼曼新闻基金会负责人的卡罗尔一口就答应了下来。

“我已经闷得发霉了，”卡罗尔了解新工作有多么刺激，“在（《巴尔的摩太阳报》）最初的日子里，你可以进行巨大的改变，接下来，你可以进行不错的变革，但再接下来，你的花招用完了。但是世界上永远有等待改变的事情。而且当你看到你改变的事物发展越来越大时，你几乎找不到比这更令人兴奋的工作了。”从发行量为十三万五千份的《莱克星顿先驱领导报》(*The Lexington Herald-Leader*)到销量为三十一万五千份的《巴尔的摩太阳报》，如今的挑战是发行量一百万份的《洛杉矶时报》。

卡罗尔知道奥蒂斯·钱德勒创造过的不朽传奇，也清楚如果他将《洛杉矶时报》带出目前的僵局会使自己获得怎样的成就感。他希望自己能够重温奥蒂斯时代的辉煌，在新搭档发行人约翰·普尔纳（John Puerner）的配合下，他开始雄心勃勃的重建工作。他们一方面裁减冗员、关闭效用低下的机构，一方面在全球报业不景气的情况下雇用更杰出的报道人员，扩大对国际务事务的报道，在韩国设立新分社，不惜为好新闻花更多的钱——仅仅在佛罗里达州令人尴尬的选举上，报社便花费掉上百万美元。

这位从未掌管过如此大发行量报刊的总编辑说："我的策略就是在寻找更杰出关键人物的问题上毫不妥协。只要他们在，一切都会好起来。如果我需要哪些人，我将尽我所能。一份报纸不过是许多工艺的结合，我们将每一环节上做到最好：写作、报道、摄影、图表、设计、文字、标题……尽管它们不一定就能确保成功，但每一样都不可或缺。"

从前只有《洛杉矶时报》的人员投奔到《纽约时报》，而现在，卡罗尔开始招徕《纽约时报》最优秀的编辑。迪安·班奎特（Dean Baquet）是《纽约时报》全国版编辑，1988年普利策调查新闻奖获得者，一位被同事形容为具有“绝妙创意，不知疲倦”的杰出编辑，且已进入《纽约时报》的最高决策层，是非洲裔美国人在新闻界的最闪耀明星。但是，卡罗尔不停地给他打电话，飞到曼哈顿同他共进晚餐，向他描述重塑一份伟大的报纸是多么激动人心……而当时的《纽约时报》执行总编辑约瑟夫·李维勒（Joseph Lelyveld）在得到风声后，邀请班奎特到他的农场度假，向他说明其他报纸都如此脆弱，只有为《纽约时报》工作才是最值得的，况且这里有这么多人喜欢他。接着，总编辑比尔·凯勒（Bill Keller）也开始游说班奎特，甚至开玩笑说，喝西部的水会造成阳痿。

但是，班奎特无法抵制住卡罗尔的诱惑，他们要一起迎接一项非凡的挑战，并获得无可比拟的胜利喜悦。班奎特的离开使得李维勒大为恼火，却使《洛杉矶时报》一片欢呼，因为这不仅削弱了对手，更重要的是极大地鼓舞了自己人的士气。《洛杉矶时报》的员工相信，伟大的改变正在到来。他们不断从《迈阿密先驱报》（*The*

Miami Herald)、《费城问询报》(*The Philadelphia Inquirer*)挖掘优秀的人物。

一个朝气蓬勃的新团队给人以无限希望，正如发行人普尔纳所说，现在“他们要将《洛杉矶时报》改造成全美最佳大都会日报，要在新闻上同《纽约时报》《华盛顿邮报》一争高下”。同时，他们还将使报纸的目标读者定位在受过良好教育的人群上，因为这些读者最有价值。但是，令卡罗尔稍稍不安的是，《洛杉矶时报》的影响力依旧抵不上《纽约时报》，当加州州长格雷·戴维斯(Gray Davis)写文章向小布什(George W. Bush)汇报加州的能源危机时，选择刊登的媒体是《纽约时报》，而非自己家乡的《洛杉矶时报》。

这是《洛杉矶时报》一百二十年历史中的又一个关键时刻，在很多人看到希望的同时，一些批评者也表达了他们的忧虑。著名新闻人比尔·托马斯在与约翰·卡罗尔共进午餐时说，《洛杉矶时报》已不可能成为最伟大的报纸，因为对于一家公开上市的公司来说，如果投入不能带来相应的利润，公司就不会继续投入。事实上，将新闻水准由高提到更高，所需要的编辑成本将大大增加，而这却不一定带来相匹配的利润，尤其在短期内。

尽管卡罗尔不同意批评者的观点，并为自己目前的工作骄傲不已，但是这个问题的确已经触及更深层的公司管理结构问题。所有伟大的报纸，往往都是由家族掌管的，因而较少受到经营压力。就像斯坦福大学新闻学教授威廉·伍（William F. Woo）所说，新闻业从一开始就是一项生意。只不过在最初，这项生意不受华尔街的干扰，由报业家族的传统所支配。但是当报业公司公开发行股票时，它的压力就猛然加大，报纸就要面临咄咄逼人的盈利压力，短视的管理者常常会做出马克·威尔斯式的决定。

但不管华尔街分析家怎样说，经营报业的确与经营其他产品不同。正如奥蒂斯·钱德勒当时对马克·威尔斯的抗议："我不能想象报业公司由两位毫无新闻经验的人在经营……新闻业的确与其他生意不同，在斯台普斯中心上的作为极大损害了《洛杉矶时报》在读者、广告商与股票持有者间的信任度……"媒体经营似乎往往遵守"看不见的手"式的游戏规则，当编辑部与经营部彼此不相干时，公司往往处于最佳时期，而当它们彼此帮助时，灾难可能就会出现。从奥蒂斯时代到威尔斯时代，就表现出了这种微妙关系。

2001 年，是《洛杉矶时报》创建一百二十周年。但显然，人们已经开始像回忆李·艾柯卡（Lee Iacocca）时代的克莱斯勒（Chrysler）、肯尼迪时代的美国政府一样回忆奥蒂斯时代的《洛杉矶时报》了……回想公司股东私下将时代镜报集团卖给先驱报业集团时，奥蒂斯曾提出愿意参与新公司的管理，但是大家都将他视作没长大的孩子。尽管他已经七十三岁了，不能冲浪了，但却依然沉迷样式怪异的汽车。作家丹尼斯·麦克道格（Dennis McDougal）在著作《特权之子：奥蒂斯·钱德勒与〈洛杉矶时报〉的兴衰》（*Privileged Son: Otis Chandler and The Rise and Fall of the L. A. Times Dynasty*）中，将之描述为一位永远沉湎于青春期的少年，终生处理不好与朋友、亲人的关系……但是，比起他惊人的才华与热情，这一切算得了什么？不管马克·威尔斯还是胆小怕事的编辑、那些见利忘义的股东给《洛杉矶时报》带来了怎样的伤害，没人会忘记在奥蒂斯·钱德勒时期该报光芒万丈的表现。

当然，约翰·卡罗尔不需要思考这样的问题，《洛杉矶时报》在他手中正在迎来一个新的春天，他卷起袖子，不知疲倦地监督着每一个新闻产品的出现，并致力于使它们面貌一新。拯救衰亡事物的过程永远都充满魅力，尤其当你知道自己的每一点努力都将透过一百万份报纸向世界宣称时。奥蒂斯·钱德勒曾为此兴奋，如今是约翰·卡罗尔和他骄傲的伙伴们为此在不懈努力。

编辑的激情 :《时尚先生》

《时尚先生》杂志正处在这骚动的年代里，而有哈罗德 · 海斯（Harold Hayes）做我的伙伴，使我真是喜欢60年代的每一刻。每个月都会有一些新表现，造成新旋风。

——乔治 · 路易斯（George Lois），

《蔚蓝诡计》（*What's the Big Idea?*）

“广告是打破成规的艺术，而非建立定律的科学。”在麦迪逊大道上横行的乔治 · 路易斯代表了20世纪60年代的创意者对严谨的大卫 · 奥格威（David Ogilvy）式广告的背叛。人们对于20世纪50年代循规蹈矩的中产阶级审美观念已经腻透了，每一个领域都试图在利用“革命”这样的情绪消解沉闷。

克雷·菲尔克与哈罗德·海斯是杂志领域的乔治·路易斯。他们似乎不太理会威廉·肖恩控制下的《纽约客》的高调作风，他们渴望摆脱超然物外的编辑形象，成为烦躁的1960年代各种风潮的参与者与引导者。

菲尔克是当时《纽约先驱论坛报》周日版的编辑，在该报破产后，单枪匹马找来几百万美元的投资，买下周日版，改造成赫赫有名的《纽约》杂志，随后又购买了另类杂志《村声》(*The Village Voice*)，成为纽约地区最重要的文化言论阵地。

而海斯则于1961年以二十四岁的年龄进入《时尚先生》杂志后，将1960年代的一切活动一股脑地塞进了这本男性刊物。除了传统中的靓女、美酒、优秀小说外，《时尚先生》更成为“新新闻”、新型封面设计、嬉皮式报道风格的开创者。假若我们用“使命感”来形容鲁斯的《时代》，用“严肃”来形容威廉·肖恩的《纽约客》，用“厚颜无耻”之于休·海夫纳(Hugh Hefner)的《花花公子》(*Playboy*)，那么对哈罗德·海斯指导下的《时尚先生》，匹配的词语一定是“好玩”。

在印第安纳大学教授新闻学的卡罗·波斯格鲁

（Carol Polsgrove）在访问了五十几个当事人，阅读了大量原始资料之后，写了一本名字冗长却趣味横生的著作——《它并不优雅，但是不是很好玩吗：与哈罗德·海斯的〈时尚先生〉共度六十年代》（*It Wasn't Pretty, Folks, But Didn't We Have Fun? : Surviving the '60s with Esquire's Harold Hayes*）。乔治·路易斯将海斯形容成马克·吐温式的人物——喜欢穿白西装，常常摇晃着一根长长的雪茄，拥有一双桥牌高手似的眼睛。这位天才编辑，在高中时就创办了一份获奖的学生杂志。

在海斯进入这本杂志前，在创办编辑金里奇（Arnold Gingrich）的文学志趣的引导下，以男性时尚为宗旨的《时尚先生》杂志曾发表过菲茨杰拉德、海明威等名家小说，在文学领域具有一定的号召力。但1960年代丰富而无序的社会风向，却最终让这本老式杂志显得迟钝不堪。

哈罗德·海斯注定是喧闹氛围中的楷模编辑，他生气勃勃、无所不包甚至略显低级的品位，给《时尚先生》杂志带来了与1960年代气氛配合得天衣无缝的风格。像所有伟大的编辑一样，海斯在人才选择上具有惊人的天赋，并赋予选择对象绝对的自主权。

在广告界以胆大妄为著称的乔治·路易斯成为杂志的封面指导。黑人拳击手、印第安土著居民、尼克松的那张脸，还有安迪·沃霍尔（Andy Warhol）的坎贝尔汤罐这些1960年代最经典的标志，皆被大胆而夸张地用于《时尚先生》的封面之上。面对“种族主义者”这样的指责，海斯毫不妥协地同路易斯并肩作战。路易斯曾选用惊世骇俗的黑脸圣诞老人作为封面，虽然激怒了广告客户，使《时尚先生》直接损失了七十五万美元的广告费，但海斯多年后仍然坚持说，倘若没有路易斯，《时尚先生》就不是《时尚先生》。1991年，《印刷》（*Print*）杂志回顾道，乔治·路易斯为《时尚先生》设计的九十二个封面确实是有史以来最令人难忘的杂志封面。

1963年，一位名叫汤姆·伍尔夫的年轻人来到杂志求职。海斯给他的第一个任务是以特制汽车为题写一篇长稿子。这个耶鲁大学的毕业生跑到加利福尼亚，花了数周时间研究这个问题，但是到了该交稿的时候，却一个字也写不出来，最后只好用一整夜时间，弄出了一份长达四十九页的意识流式的备忘录交差。结果，这篇稿件的题目被改成《橘片样的糖果色流线型娃娃》（*The Kandy-Kolored Tangerine-Flake Streamline Baby*）后几乎全文照登。这篇文章开创了影响一时的"新新闻写作"时代，汤姆·伍尔夫及后来《滚石》的亨特·汤普森（Hunter S. Thompson）让依靠这种半小说、半报道式风格写作的作者,跻身到了美国当代杰出作家之列。而《时尚先生》则让自己成了新闻业中开风气之先的媒体。在海斯时代,《时尚先生》杂志撰稿人的名单上是一串儿性格怪异、写作标新立异的作家：诺曼·梅勒（Norman Mailer）、杜鲁门·卡波特、詹姆斯·鲍德温、盖伊·泰勒斯（Gay Talese）……

为了寻求创新，海斯派遣一位编辑陪同"垮掉派"诗人艾伦·金斯堡（Allen Ginsberg）去印度报道。而他自己则飞到巴黎试图说服法国荒诞派戏剧代表作家萨缪尔·贝克特（Samuel Beckett）为杂志撰稿。1968年，他成功地让另一位"垮掉派"作家威廉·伯罗斯（William Burroughs）为《时尚先生》报道年度美国大选。在伯罗斯发回的杂乱无章的稿件中,《时尚先生》杂志老板金里奇批注道，他只能看得懂第六、七、九、十三、十五、十七、十九、二十二、二十四、二十七、二十九和三十一段。不过，他没有任何反对意见，只要其他编辑能看懂剩余的段落。在海斯时代,《时尚先生》杂志编辑的野心被无限扩张出来，没抱多少希望的他们甚至要远在法国的戴高乐（Charles de Gaulle）为杂志撰写有关“荣誉”的命题文章，结果这位法国英雄还真就同意了。

金里奇代表的董事会利益似乎对于哈罗德·海斯肆无忌惮的编辑风格进行了最大限度的容忍。他们眼睁睁地看着这个花样百出的编辑将《时尚先生》变成了1960年代的风向标。尽管汤姆·伍尔夫与威廉·伯罗斯的文章不堪卒读，乔治·路易斯的封面过于夸张，但是它们实在受年轻人的欢迎。1967年，《时尚先生》杂志发行量突破一百万份，赢利三百四十万美元。

1960年代，万事都在探求变革。就像诺曼·梅勒们妄想推翻海明威那套一样，《时尚先生》杂志试图传达出由摇滚乐、学生运动、性混乱构建的60年代美国情境。海斯时代的《时尚先生》仍旧是一本男性杂志，其杰出之处在于它最大限度地了解了男性的定义。男性不仅仅关心《时代》报道的全球政治事件、《华乐街日报》的商业新闻，以及《花花公子》中的纵情声色、《GQ杂志》强调的男性服装与香水，当然也不仅仅是在摇滚乐中的狂躁……在海斯看来，一个标准男人要对这些事物全都充满兴趣，他编辑的《时尚先生》杂志正是这纷乱男性世界的综合评介。1960年代的男人喜欢让自己显得有挑衅性，于是海斯让《时尚先生》也表现出一副傲慢的德性，他最试图表达的不是单纯的文字或者图片的力量，而是试图通过《时尚先生》表现出一种鲜明的性格与主张。这种姿态比单纯的编辑能力更富吸引力。

到了 1973 年，喧闹狂欢的 1960 年代彻底过去了，而哈罗德·海斯似乎也失去了他充满激情与创意的编辑风格，董事会对他逐渐失去了兴趣。在拥有发行人与总编辑双重身份的要求被拒绝后，海斯愤然辞职。之后的岁月，他做过电视，短暂地编辑过杂志，于 1989 年死于脑瘤，终年六十二岁。

时至今日，在提及伟大编辑这样的名单时，哈罗德·海斯毫无愧色地与威廉·肖恩、蒂娜·布朗、格伦沃德、詹恩·温纳比肩而立。就像巴顿将军只适合生存于战争期间一样，哈罗德·海斯的杰出才华只有在混乱的年代才能得以充分表现。这一点，正如《哥伦比亚新闻评论》(*Columbia Journalism Review*) 对 1960 年代的《时尚先生》杂志的评价：与哈罗德·海斯一起疯狂的日子。

一个笑话有力地证明了海斯性格上的偏执。为《时尚先生》撰写超过四十篇文章的托马斯·摩根（Thomas B. Morgan）曾去找海斯，要求将稿费从一千三百五十美元提高至一千五百美元。但海斯却说，只有诺曼·梅勒的稿费是一千五百美元，而他是该得诺贝尔奖的人。摩根抗议道，《名利场》等杂志都付出了更多的报酬。海斯则一板一眼地回答："当我死后下葬，在即将被盖上棺材盖的瞬间，我最后一句话仍是，摩根值一千三百五十美元，梅勒值一千五百美元。"

这种强烈的姿态感似乎正印证了哈罗德·海斯的名言。他声称，杰出的编辑并非只是选择优秀的稿件，而是要能传达一种主张。是的，海斯的主张从来都鲜明而坚定，这也是为什么他在标榜主张与激情的60年代能大获全胜，而在接下来相对平庸的七八十年代却步履维艰的原因。

一个时代的终结：凯瑟琳·格雷厄姆与《华盛顿邮报》

偶然造就的凯瑟琳

世界是由偶然性驱动的。凯瑟琳·格雷厄姆或多或少会承认这一命题。2001 年 7 月 17 日，八十四岁的她偶然从台阶上跌倒，这个微小的事故导致了灾难性后果——世界上最有权势、最富传奇性的女人逝世了。三十八年前，菲尔·格雷厄姆（Phil Graham）的突然自杀，将凯瑟琳·格雷厄姆猝不及防地推向了华盛顿邮报公司掌舵人的位置。这次偶然如此深刻地改变了她甚至世界的面貌。

1963 年的凯瑟琳害羞而缺乏自信，不过是丈夫菲尔·格雷厄姆的附属品，甚至这种地位都遭受到侵犯——

菲尔爱上了一位年轻姑娘。那是肯尼迪的时代，美国还没有那么深入地卷入越南战争。青春、权势、才华在华盛顿熠熠发光，此时的《华盛顿邮报》虽然有所起色，但也不过是一份地方报纸，甚至不如它的竞争者《华盛顿星报》（*The Washington Star*）……

时间到了2001年，格雷厄姆不再羞涩，她从容发表讲演，是“财富五百强”中第一位女性首席执行官，领导着世界上最强大的媒体公司之一，没有人再轻视《华盛顿邮报》的地位。天哪，这份报纸曾经直接与世界上最强大的政府对着干过，并且赢了啊。它将新闻业推向了荣誉的顶峰，令它的编辑与记者像好莱坞影星一样炙手可热。与之相对的，却是华府光彩的消退。过去四十年中，人们看到的是年轻英俊的领袖被刺杀，看到美国总统为了保住权力肆无忌惮地破坏司法公正。经历过越南战争等一系列事件后，谁还愿意信任这样的政府？

在由男人主宰的华盛顿政治圈，凯瑟琳·格雷厄姆光彩夺目，倍受尊敬。美联储前主席保尔·沃尔克（Paul Volcker）说：“一位如此害羞的女人成为华盛顿一股强大的力量，这实在令人惊异。”对于这位伟大女性的逝世，小布什的评价极富代表性：“她是一位真领袖、真淑女，是一代传奇。”弥漫于世界媒体的悲伤情绪，当然不仅因为她是世上最富权势的女人，更因为这个女人代表了一个已经逝去的时代。在那个时代中，人性中最为高贵的品质——勇气与正直，得到了如此淋漓尽致的展现……

摆脱阴影

“这仿佛是个童话。”凯瑟琳·格雷厄姆在听到回忆录《个人历史》（*Personal History*）获得1998年普利策传记奖时发出这样的感慨。在自传中，凯瑟琳将自己的一生视作与自卑战斗的历程。她先是生活在控制欲极强的母亲的阴影下。这位总是心怀不满的女人显然缺乏爱心，在刚生下凯瑟琳时居然说：“一个可怜的小东西，产钳挤压到她的太阳穴，把她搞得更丑了。”在上大学时，她的同学怎样也无法理解，这个全美最富有家庭之一的孩子，怎么只有两条裙子与两件毛衣。

她总觉得自己毫不起眼，也正是因为这样，当菲尔·格雷厄姆宣布要与她结婚时，她根本不敢相信。这个英俊的哈佛法学院毕业生是罗斯福新政时华盛顿精英的典型代表——活力四射、前途无量。除了羞涩外，凯瑟琳幸好有个有钱的父亲尤金·梅尔（Eugene Meyer）。这位曾担任过美联储主席的商人在1933年以八十二万五千美元购买了《华盛顿邮报》，当时这份报纸在华盛顿当地的五份报纸中排名第五。

喜欢开怀大笑的菲尔·格雷厄姆很快成了《华盛顿邮报》的发行人。他更加引人注目了，野心勃勃地想要将这家地方报纸变成一份小型《纽约时报》。他在1961年购买了声誉不错的《新闻周刊》后，指望凭此与不可一世的《时代》一争高下。在华盛顿的政界与新闻界构成的名利场中，菲尔充分施展着他的魅力，总统肯尼迪、副总统约翰逊都是他的挚友，女人尤其喜欢他，甚至包括《时代》创办人亨利·鲁斯趾高气扬的太太。

而凯瑟琳·格雷厄姆依旧羞怯，乖乖躲在丈夫后面。就这样，在华府的宴会上，她总是被主人安排在不显眼的位置上，甚至连自己的家人也对她过于忽视。一次带着孩子散步回家，她看到丈夫与母亲正在谈话，母亲对她说："对不起，亲爱的，我们正在进行一场知识性的谈话。"

而此时，精神抑郁症已经困扰了菲尔·格雷厄姆好几年。事业越成功，他就越是怀疑自己是依靠了岳父的能力才获得拥有的一切。1963年，菲尔的自杀一方面让凯瑟琳陷入了无限悲痛，另一方面也令她从尴尬中解脱出来。但一个严峻的事实是，她必须要出面掌管日渐起色的华盛顿邮报公司。

可怜的是，没人看好这个缺乏光彩的四十六岁女人，几乎所有人都预言公司必将被出售。就像当时一位评论家所说的："有许多原因说明《华盛顿邮报》为什么要出售——一家经营不太好的报纸，一个岁数大的业主没有继承人，只有一个寡妇……"

凯瑟琳·格雷厄姆必须与她缺乏自信的内心作战。是的，她不知道如何管理报纸，甚至多年后都不习惯在她的记者面前发表讲演，就像她给朋友的信中写到的："我目前的感觉就像美国总统对国会议员说'我现在是你们唯一的总统'一样。"但她依旧坚定地宣言："《华盛顿邮报》过去是、现在是、将来也还会继续是家族经营的企业。"当然，她所设想的不过是让其在哈佛读书的儿子唐纳德·格雷厄姆（Donald Graham）快点长大接班。

大明星本·布莱德利

"无论多大年龄，或在怎样的情形下，孤身一人的你不得不重新塑造你的生活。"三十五年后，凯瑟琳·格雷厄姆回忆最初的艰难如是感慨。凯瑟琳不仅要重新塑造自己的生活，甚至要重新塑造《华盛顿邮报》，在男人控制的出版界与政界赢得一席之地。

而挑战是，她不懂管理，更不懂编辑，长期以来的家庭主妇生活让她变得几近无知。一次，她竟然问自己的母亲，今晚要来做客的贝聿铭是谁？所以毫不奇怪，当她最初听说《华盛顿邮报》根本不是一份好报纸时，相当吃惊。她的好朋友沃尔特·李普曼与詹姆斯·雷斯顿当面指出，这份报纸平庸、漂浮不定。他们暗示说，报纸需要一位新的、更有活力的主编扭转局面。

显然，本·布莱德利当时并不喜欢凯瑟琳·格雷厄姆。尽管布莱德利与她死去的丈夫是好朋友，但他不会注意这只华盛顿城内的丑小鸭。布莱德利与早逝的菲尔·格雷厄姆、肯尼迪总统是同一类人——英俊潇洒、智慧超群、气焰嚣张——具有惊人的个人魅力。作为《新闻周刊》华盛顿分部的负责人，布莱德利招募了大批才华横溢的年轻人为其工作，而他自己则是华盛顿最受人尊敬的记者之一。

但是，当本·布莱德利得知自己有可能成为《华盛顿邮报》的总编辑时，态度却开始发生转变。就像菲尔·格雷厄姆一样，布莱德利知道如何让凯瑟琳这样缺乏自信的女人感到放松，他的手腕与才智同样显著，他爽朗的笑声还让凯瑟琳想起了往日的丈夫。更重要的是，凯瑟琳清楚地意识到，这位布莱德利先生的确拥有邮报所匮乏的激情，他不也正梦想着将一份地区报纸变成一份全国性的大报吗？

同样都在四十三岁，肯尼迪成了美国总统，而本·布莱德利成了《华盛顿邮报》的总编辑，而且他们同样趾高气扬、贵族气十足。布莱德利似乎是专为20世纪60年代的美国新闻界而生的。

各种思潮与生活方式蜂拥而来的那个年代，正是青年与传统彻底决裂的时代，他们标榜自己为现代人。而布莱德利显然是一位具有“现代人”意义的新闻人。他不喜欢强调新闻的责任感，更讨厌纯粹的资讯，他的短暂注意力使他无法容忍沉闷。在《新闻周刊》时，他整天督促年轻的记者写出好玩的东西，如今，他要把这种风尚带入《华盛顿邮报》——这张被传统势力占据的乏味报纸。

布莱德利喜欢明星记者制，坚信闪闪发光的明星们可以让报纸水准获得最快的提升。他从《纽约时报》《新闻周刊》等各处找来青年才俊，给他们自由的空间与令人羡慕的薪水。当然，他还要与经营部门做斗争。

一份伟大的报纸同样需要足够多的经费，为此他学习了一年的财务预算，最终击败了经营部门的墨守成规，使得邮报的预算从 1965 年的二百五十万美元迅速增长到 1967 年的七百万美元。就这样，那些曾经与他做斗争的保守者最终离去了。没人能阻挡布莱德利的激进改革，甚至《华盛顿邮报》的政治立场也发生了戏剧性的变化，从始终与政府站在一边开始越来越倾向于自由派立场。但布莱德利与凯瑟琳都清楚，他们不仅需要改革，更需要一次伟大的机会，将《华盛顿邮报》推向一个高峰，就像《纽约时报》在二战和越战时所做到的那样。

令人难以置信的机会

机会来了，而且几乎令人难以置信。1971 年春天，《纽约时报》率先公布五角大楼机密文件，尼克松政府试图将之推向法庭。《华盛顿邮报》的一位资深编辑也迅速得到这份文件，但是否予以发表却成了关键问题——邮报是否做好了与政府对峙的准备。编辑一方坚持出版，但经营方则担心这个莽撞会给公司带来灾难性后果，可能导致邮报公司正在准备的上市计划流产。

《纽约时报》的地位是不可撼动的，因此它敢于挑战政府，而《华盛顿邮报》的确过于年轻且缺乏威望。在那个具有决定意义的夜晚，三位资深记者在布莱德利的房间里急不可耐地试图从四千页文件中整理出适合报纸发表的文章；而在另一间房间里，布莱德利正在与经营负责人争吵不休，他们需要凯瑟琳·格雷厄姆这个仍旧未摆脱羞涩的女人最后定夺。

新闻业肩负着比赚取利润更重要的责任，尽管凯瑟琳·格雷厄姆没有像亨利·鲁斯那样口口声声地强调责任感与使命感，但是隐藏在她羞涩与不自信背后的勇气与正直，却在开始发挥作用。这同样也是一场赌注，失败意味着葬送报纸的前途，而成功则意味着……她在电话里很简短地说："我们把它登出来。"

尼克松政府将《纽约时报》与《华盛顿邮报》推上了被告席，理由是泄露国家机密，但最高法院站却在了出版自由的那边。布莱德利与凯瑟琳听到这个结果欣喜若狂，就像他们当时所说的，这次行动将《华盛顿邮报》推向了与《纽约时报》相同的位置上，邮报的声音从此会与时报一样被全世界听到。

通过丈夫菲尔·格雷厄姆与父亲尤金·梅尔的努力，《华盛顿邮报》已经赚了不少钱，凯瑟琳知道如何把这些钱最精彩地花出去。《华盛顿邮报》的总编辑布莱德利与《新闻周刊》的主编艾略特（Osborn Elliott）都是罕见的编辑奇才，也是邮报最佳的投资。

好大喜功的布莱德利成功地让自己与《纽约时报》总编辑罗森涛（A. M. Rosenthal）比肩而立，还加强了邮报的深度报道能力。他不喜欢越南，但喜欢华盛顿，《纽约时报》在越南战争大出风头，而《华盛顿邮报》则在接下来的水门事件中表现卓然。

在华盛顿地区法院的一桩盗窃案中，年轻而略显笨拙的记者鲍伯·伍得沃德（Bob Woodward）努力要从里面挖掘出不一样的东西。很快，另一位放荡不羁而才华横溢的记者卡尔·伯恩斯坦 (Carl Bernstein）加入了调查队伍。这两位单身汉每天工作十六七个小时，每周七天，最终发现闯入民主党总部绝不是简单的盗窃，这件事牵扯到司法部部长，甚至更深的内幕。大卫·哈伯斯塔姆在《掌权者》一书中用一连串排比说明了偶然性在水门事件中起到的重要作用——“如果这两人的第一次婚姻都未触礁，如果他们未成为单身汉，他们也许会被许多家庭的平常事务耗去精力，不愿花费那么多时间……如果伍得沃德在水门事件的早期渴望晋升，渴望报道更重要的事件，报道地区法院之争……如果伯恩斯坦与《滚石》杂志谈得顺利，去那里工作……”

在漫长的两年时间里，这两位缺乏名气的年轻人，凭借其好奇心与编辑的鼓励，逐渐将这个小案子扯开了一条大缝。形势越来越明了，本·布莱德利与凯瑟琳开始承受越来越大的压力。除了恐吓电话，美国前司法部部长约翰·米歇尔（John N. Mitchell）说出了那句20世纪最著名的诅咒语："我要给她的乳头戴上一个钳子。”政府已经开始干涉华盛顿邮报公司购买有线电视公司的商业活动，很显然，他们将尽一切措施保守这个惊天的谎言。尼克松的再次当选使调查越来越困难。尼克松的特别顾问科尔逊（Charles W. Colson）的指责正反映了这种压抑气氛："这场颠覆整个政治程序的控告非常绝妙,这个虚构的作品可以与《飘》《黄色的抱怨》相媲美……布莱德利先生在把自己封为领袖……在那奥妙的阶层中，这个微小的部分会毒害美国新闻健康的主流，形成他们自己独特的世界。”

不管怎么说，当尼克松最终因为“水门事件”而下台时，《华盛顿邮报》成了真正的明星报纸。凯瑟琳这个从不喜欢宣称自己是女权分子的人，赢得了“世界最有权势的女人”的称号，成了当世的不朽传奇——一位用勇气与政治扳倒美国总统的女人。更重要的是，新闻业因此得以大放异彩，其对自由与正义的追求赢得了无比的尊敬。年轻人都以伍得沃德与伯恩斯坦为偶像，而布莱德利成了世界最著名的编辑……以水门事件为蓝本的电影由好莱坞明星罗伯特·雷德福（Robert Redford）与达斯汀·霍夫曼（Dustin Hoffman）出演，更将这个神话推及全世界。

偶然的结局

对于水门事件的胜利，凯瑟琳似乎并不怎么喜悦，至少不像布莱德利那样得意。她是个保守分子，坚信自由市场、民主政治理念，坚信国家应由精英分子治理，所以她的确不倾向于总统是个阴谋家这种看法。她不喜欢将出版五角大楼文件与水门事件意识形态化，在她看来，《华盛顿邮报》只是报道了它应予以报道的新闻。

尽管凯瑟琳逐渐获得了自信，但依旧不喜欢被人谈论。她是个现实主义者，就像 1975 年在《华盛顿邮报》大罢工中亲自动手印刷报纸时所表现出的强硬态度，她再次表明她的保守价值观念：每个人都必须用辛苦地工作来赢得财富与他人的尊敬，而非通过别的手段。

整个20世纪80年代，华盛顿邮报公司在商业与新闻声誉上都取得了巨大成功，凯瑟琳·格雷厄姆也成为财富五百强中第一位女性商业领袖。在世界各地，似乎只有欧洲的王室或者第一夫人才能获得她那样的尊敬。当然，这个传统的女人不喜欢“女强人”这种说法。在自传里，她对此解释道，因为“这使我感到自己像一名举重运动员或者重体力劳动者”。

1991年，凯瑟琳·格雷厄姆将公司交给长子唐纳德·格雷厄姆，也在这一年，本·布莱德利将总编辑职位交给小伦纳德·唐尼（Leonard Downie, Jr.）。《个人历史》似乎是我们唯一能够见到的完整记录凯瑟琳·格雷厄姆一生的著作。

这个出生于1917年的俄国犹太后裔，在十六岁那年看到父亲购买了《华盛顿邮报》，在四十六岁时目睹丈夫死亡并仓促地接手，最终成了报纸的发行人。这之前，她几乎一点也不了解报纸到底意味着什么，也不太关心《纽约时报》的苏兹伯格家族、《洛杉矶时报》的钱德勒家族是如何经营的，不了解普利策是如何奠定近代新闻理念的，不太可能像《时代》的亨利·鲁斯那样创造一种全新的新闻理念……当然，她更不是一位喜欢乱哄哄的20世纪60年代的激进分子，但是，她却促成了新闻史上最富戏剧性的结局。我们想说，这要归功于她的正直与勇敢，但在给布莱德利的信中，她却说这不过是偶然，恰巧因为尼克松录制了自己谈话的录音带——“我们只是在某人发疯般录制磁带时把自己如何隐藏也录了下来的绝望中生存了下来。唉，我们能指望谁呢？不是你，也不是我。”

一个偶然让凯瑟琳·格雷厄姆从爱达荷州的台阶摔下，在此仅仅一小时前她还兴致盎然地同默多克（Rupert Murdoch）谈论媒体的未来。现实就是现实，凯瑟琳不讨厌神话，那意味着庸俗化。在不断的回忆中，我们将这个害羞的女人推向了一代传奇的地位。我们怎会忘记她在水门事件后的感慨："我们为真实性而感谢上帝，这不会在任何书和任何肮脏的电影中找到。这样太好了……”

资本家的利器：《福布斯》

在我祖父尝试真正去创办一份报道人物的杂志之前，商业报道只是一堆枯燥的数字而已，媒体很少会注意数字背后的人物。

——蒂姆西 · 福布斯（Timothy C. Forbes），

福布斯公司首席执行官

从 1964 年接手《福布斯》开始，马尔科姆·福布斯（Malcolm Forbes）就渴望把声誉卓著的《财富》杂志压在身下，这种渴望好比拉里 · 埃利森对比尔 · 盖茨的特殊情感。

马尔科姆的父亲柏蒂 · 福布斯（Bertie Charles

Forbes）于 1917 年创办了《福布斯》杂志。之前他曾是《商业日报》（*The Journal of Commerce*）的财经编辑和记者，因其报道善于加入人性化的描写而声誉鹊起。《福布斯》杂志从一开始就带有了鲜明的福布斯家族色彩——强烈的挑衅性。柏蒂在第一期杂志就批评了当时著名的古尔德家族企业。这位相信"写作可以带来财富"的爱尔兰移民有一个著名的报道公式：小心求证，刺中要害，生动地刻画出报道对象的外表或个性特征，再加上一两个生活小故事，让读者看清事实真相。

马尔科姆似乎生来就精力过剩，渴望成为人群中的焦点。高中时他创办批评校方的学生报纸，成年后又渴望进入政界，曾参与 1957 年美国新泽西州州长竞选。失败的政治经历让他重回《福布斯》杂志，虽然已有近五十年历史，此时的《福布斯》却除了在辱骂企业方面颇有特色外，乏善可陈。人们并不习惯将之视作严肃的财经杂志，而只是介于《财富》与《商业周刊》之间的侏儒。

马尔科姆开始加强报道能力、抛弃小报风格，将一种新精神注入《福布斯》。这个语不惊人死不休的家伙选择了 20 世纪 60 年代最流行的"故作姿态"。该杂志在 1965 年推出广告词——"福布斯：资本家的利器"。

此时，正是全美学生都起来反抗“万恶的资本主义”之时。一年后,《福布斯》在广告文案中继续写道：“如果贵公司的会议室与精神病房还有段距离的话,《福布斯》建议你不妨试试‘出轨’的点子。”当嬉皮精神与反文化潮流席卷世界时，马尔科姆令《福布斯》杂志与资本主义同样玩世不恭，与摇滚乐手和 LSD 一样酷。

到了 1967 年，在该杂志五十周年庆典时，马尔科姆遍请名流,《福布斯》杂志一副资本主义代言人的模样。到了 1972 年,《福布斯》的发行量高达六十二万五千份，首次超过《财富》。一年后，志得意满的马尔科姆·福布斯创下了热气球横跨美国的记录。他要让那些对商业新闻没兴趣的人也记住《福布斯》的名字。

到了里根时代的 20 世纪 80 年代，野心勃勃的浮华世界成了每个人追逐的对象,《福布斯》也成了这个时代当之无愧的代表。美国商业界以暴利与哗众取宠来肯定自己的成功，于是马尔科姆不失时机地推出了“福布斯富豪”排行榜，这项艰难无比的创意获得了空前的成功，一直对“财富五百强”耿耿于怀的马尔科姆·福布斯终于找到了翻身机会。而这项评比也将《福布斯》杂志的“作秀”水准推向极致。

《广告周刊》在1983年将《福布斯》列为十大热门杂志的第八名。该评选写道：“关键是，马尔科姆·福布斯——出版界奇才，这股惊人的冲力能维持多久？我们进行热门杂志排行榜这五年以来，《福布斯》的广告年收入已经剧增三倍，看来它们这股气势恐怕要持续到雅皮重又变成嬉皮。”到了20世纪80年代末，马尔科姆和《福布斯》杂志的声誉达到了巅峰。在提出了“资本家的利器”之后的三十年间，《福布斯》杂志比《财富》杂志更为嚣张与恰当地充当了“浮华资本主义”代言人的身份。商场上凡强调个人独创性的主管都煞有介事地将《福布斯》视作必读刊物，强调与他人不同是其成功本质。

而这位喜欢购买游艇和哈雷摩托车、有伊丽莎白·泰勒（Elizabeth Taylor）做女友的亿万富翁，每年在家中举办的盛大聚会成了世界名利场的中心。从商业巨子到政治人物再到好莱坞明星，无一不以受邀为荣，它成了媒体“流言专栏”的最佳原料。1987年，美国合众国际社（UPI）在一篇评论中说道：“马尔科姆敢于表现出他以‘资本家’身份而自豪，这对一般民众的观念多少也有影响。早年的洛克菲勒那种吝啬到极点的百万富翁形象，当然惹人讨厌，而像马尔科姆这样赚钱赚得高兴又花得愉快的富豪形象，显然会引起美国民众的好感。”之前一年，《洛杉矶时报》则评论道：《财富》有权威，《商业周刊》有活力，而《福布斯》有游艇。一位《福布斯》的记者更切中要害地说道：“过去十八年来，马尔科姆一直都是阳刚男人的象征——报纸杂志上看到的他总是雄赳赳地站在热气球上，要不就是一身斗士打扮跨坐在哈雷摩托车上。”

显然，人们更愿意记住马尔科姆的同性恋倾向与他的出手阔绰。当他在 1990 年去世后，新闻界才意识到这位出版奇才对杂志业本身的贡献。在追求“标新立异”的推销技巧的同时，他也同样关注新闻报道本身。尽管广告客户是杂志的金主，但在编辑独立原则上，这位反传统总编辑似乎很少偏离传统。正如《福布斯》前任记者弗兰克·赖利 (Frank Riley) 所说：“马尔科姆偶尔会考虑到其他利益而牺牲报道的新闻价值，可是次数绝不会比别家刊物多。”而且，在生活上喜新厌旧的总编辑还求贤若渴，在《福布斯》杂志内，只要你有天才，便可获得一切自由。这两点，或许也正是促使《福布斯》成功更为关键的原因。没有好的杂志品质，仅仅依靠自我标榜，终是难获成功的。

像父亲马尔科姆年轻时一样热衷政治的《福布斯》继承人——斯蒂夫·福布斯（Steve Forbes）参加过

1992 年与 1996 年两次总统竞选，虽然像父亲一样是个失败的政治家，但他似乎难成为和父亲一样成功的出版家，因为斯蒂夫对杂志本身没有兴趣。在他眼中，这仅仅是个赚钱的机器。而且，这个缺乏个人魅力的总编辑唯一关心的就是广告页码。为了取悦广告商，他似乎随时可以干涉编辑权，撤换批评文章。尽管 1995 年该杂志的广告页达到惊人的四千五百多页，但是新闻界对这种杀鸡取卵的做法显然不屑一顾。《商业周刊》的总编辑斯蒂夫 · 谢泼德（Steve Shepard）自信地说："在我们那里，决不会出现广告干涉编辑的事情。"这种信念，也同样出现在《财富》与《华尔街日报》那儿。

不过不管怎样，《福布斯》依旧是一家无法忽视的商业杂志。《商业周刊》依靠它对新闻事件的快速反应而著名，《财富》因其似乎无法撼动的权威感而取胜，那么《福布斯》从创办起就奠定了它的基准：对商业行为中人的戏剧化因素的关注。创办人柏蒂因为不满当时的纽约商业报纸仅仅报道商业数据而创办该杂志，而马尔科姆则利用其自身的人性魅力，将这种关注推向一个极致，其人格正是当代商业戏剧中最精彩的部分，所以《福布斯》才如日中天。那么，今天呢？显然我们还没有理由说它已经衰落。

摇滚迷情：詹恩·温纳与《滚石》

你们说渴望着一场革命
你们很清楚
咱们都渴望改变世界
你们告诉我那就是进化
你们很清楚
咱们都渴望改变世界

——约翰·列侬（John Lennon），
《革命》（Revolution）

那是什么感觉？那是什么感觉？全靠你自己，没有家的方向，像一块滚石。

——鲍勃·迪伦（Bob Dylan），
《像一块滚石》（Like A Rolling Stone）

CNN创始人泰德·特纳（Ted Turner）在六十岁生日之后，依然在想自己长大之后该做些什么，具有同样想法的肯定还有斯蒂文·斯皮尔伯格（Steven Spielberg）、比尔·克林顿。这些聪颖非凡者，将世界视作一个大游乐场，自己则是彼得·潘（在欧美国家，他象征着永无尽止的游乐和永恒的童年）。婴儿潮一代的代表人物在充满喧嚣、混乱与激情的时代度过青春，60年代的浪漫情结顽固地浸入他们的血液中。成年之后，他们仍固执地按自己的规则行事，最大限度地拒绝成熟社会的压力。肯尼迪总统的朝气、披头士的抒情、对于越战的厌恶、避孕药带来的自由主宰了20世纪60年代的美国。这种迅速蔓延到世界各地的青春式激昂感染了几代人的成长，使20世纪60年代成为现代史上最深刻的变革时期——政治、经济、文化、生活方式自此都偏离了原来的轨道。艾森豪威尔（Dwight Eisenhower）时代的美国人无法相信，四十年后他们的总统会可爱到让白宫发生那样的事情。这种演变仿若1789年法国大革命给当时的欧洲所带来的影响。

漂亮的肯尼迪夫妇让白宫前所未有地明亮了起来，全美国人都相信年轻的总统可以给他们带来光明未来。过了十多年平静生活的美国新一代，在经历了“猫王”

艾尔维斯·普莱斯里（Elvis Presley）扭动屁股的挑逗后，终于再也按捺不住激情，四个可爱的英国小伙子来了，《让我握住你的手》（I Want To Hold Your Hand）是我们时代的伟大抒情诗，像二百年前英国诗人华兹华斯（William Wordsworth）的诗一样伟大。越战给了这些一直试图叛逆的青年一个借口，他们说这个国家机器不顾人民的死活，现在到了该让它停下来的时候了。他们通过游行与学生运动来直接抗议，也会用嬉皮风范所塑造的乌托邦来获得满足。

有无数事物可以作为美国20世纪60年代的标志，性、伯克利、越南、马尔库塞（Herbert Marcuse）、LSD……但其中最没有争议的标志肯定是摇滚乐。正如美国文艺评论家莫里斯·迪克斯坦（Morris Dickstein）在《伊甸园之门》（*Gates of Eden*）中所写的："摇滚乐是六十年代的集团宗教——不仅是音乐和语言，而且也是舞蹈、性和毒品的枢纽，所有这一切集合而成一个单独的自我表现和精神旅行的仪式。"

詹恩·温纳（Jann Wenner）肯定也是这样认为的。今天的他已经站立在婴儿潮一代的领袖群中，与克林顿、斯皮尔伯格一样拒绝长大，一样依然如饥似渴地改变世界。1967年，这个二十一岁的加州大学小伙被这种摇滚乐情绪感染后，决定退学来创办一本报道音乐及音乐所包容事件与态度的杂志。他敏锐地意识到，一个前所未有的时代已经来临，而音乐将是这个时代最震撼人心的标志。他迷恋的偶像——鲍勃·迪伦、约翰·列侬还有滚石乐队（The Rolling Stones），才是像拿破仑或者拜伦一样值得尊崇的新时代英雄。

詹恩·温纳非常清楚自己是多么渴望成为他崇拜的这些人中的一员，他渴望生活在别人的议论与目光中，他的血管中的脉冲的确像滚石乐队主唱米克·贾格尔（Mick Jagger）的尖叫一样缺乏规则，他对于暗淡无光的生活心怀怨恨。在二十一年的生命历程中，他屡受挫折，父母感情的破裂、亲情的淡漠给他带来了严重的挫折感。创办杂志这一举动或许有助于实现自己的野心，当然，他当时的确想不到几年后他真的会与这些大明星站在一起。今天，在詹恩·温纳的纽约办公室内，摆满了他与迪伦、列侬、贾格尔，甚至与美国前国务卿奥尔布莱特（Madeleine Albright）的照片。在当时充满浪漫与激情的旧金山的一座印刷厂阁楼中（与《时代》的创始人一样，他也不得不选择了库房），贫穷而才华横溢、极度渴望成名的詹恩·温纳与同样年轻的同事们一起，在争吵与没日没夜的苦干中完成了第一期杂志，并将它取名为《滚石》(这个名字或许来自鲍勃·迪伦的歌曲《像一块滚石》)。

尽管三十年后骄傲的詹恩·温纳会自我吹嘘说,《滚石》在推出第一期后即收到了良好的反馈。但是1967年的旧金山的确充斥着一些音乐小报,詹恩·温纳的惊世才华不可能在如此简陋的环境中迅速表露出来。第一期《滚石》的印量是四万册,封面是温纳最喜欢的列侬,发行则是通过他率领各编辑亲手散发到报刊厅完成的。虽然其中的三万四千份没卖出去,被退了回来,但处于狂热状态的温纳是不会在意这种小小挫折的,况且他在新闻业中的才华并不比列侬在摇滚乐中的表现逊色。温纳一反当时旧金山音乐小报混乱与杂乱的常态,大胆地选用经典、高雅、清晰的设计风格,将新闻写作的要求推向一个极致。在这种举动的背后,是他坚持的"摇滚乐与其他政治事件同样重要,摇滚明星是新时代的表征"的信念,他的杂志正是要为这个新时代提供证明与方向。詹恩·温纳在后来回忆道:"我具有一种将事物清晰化与条理化的直觉,了解设计与风格的呈现方式。当时的地下报纸对我毫无吸引力。"对于规范的传统新闻业更具兴趣的温纳,要求他的作者无论是在多么激情和混乱的状况下完成稿件,也要表达清晰。

他是一个暴君式的主宰者。在旧金山那间空旷的印刷厂阁楼中，脾气暴躁、因为过于年轻而荷尔蒙分泌过剩的温纳，指挥着一群同样年轻与脾气暴躁的作家和摄影师——一群与温纳同样渴望成名的年轻人。他的煽动能力惊人，知道如何让这些小伙子热血沸腾。他常常会在截稿前逼迫已经精疲力竭的作者再次改动，因为直觉告诉他这样做会更富冲击力。温纳的这种天分是《滚石》成功的重要原因之一。在《滚石》工作过的每一位作家、摄影师、设计师都会告诉你关于詹恩·温纳的一些传奇，比如他会在面试时问对方“你使用迷幻药吗”之类的问题。一些人乐于在他背后称之为“公民温纳”，因为他具有冷血式的残酷与莫名其妙的热情，有时会在同一天解雇并再次雇用同一位员工，有时也会在下属重病时提供一张面额惊人的支票（当然，这是 20 世纪 80 年代以后的事情了）。

在 20 世纪 60 年代末、70 年代初，两万字的稿件篇幅是惊人的。但温纳认为只有这样的深入报道才能够全面而真实地表现那些新时代的英雄。1970 年推出的詹恩 · 温纳对列侬的长篇访问，是摇滚乐史与新闻史上最惊人而深入的专访之一，而《滚石》的图片选择或许是摄影新闻业自《生活》杂志创办以来最重要的突破。

1968 年，《滚石》选择了约翰 · 列侬与小野洋子手拉手裸体背对镜头的照片作为封面，引起了全国性轰动。其长期的首席摄影师安妮 · 莱博维茨（Annie Leibovitz）更是摄影史上罕有的人才。

温纳最初宣称，该杂志除了报道音乐以外，会更强烈关注音乐所包容的事件与态度。从 20 世纪 70 年代初开始，温纳开始更鲜明地关注政治与社会事件。美国当代史中无法忽略的名字汤姆 · 伍尔夫、亨特 · 汤普森就是在《滚石》开始他们的“新新闻写作”探索的。亨特·汤普森以摇滚乐的节奏感对 1972 年美国大选的报道今天依然震撼人心，其作品《在拉斯维加斯的恐惧与厌恶》则是美国政治写作中的惊人之笔，今天还在引人争论，而按照小说笔法来报道新闻的“新新闻写作”在新闻史上不但是对《纽约时报》《时代》等传统新闻媒体所推崇的史料手法的一次背叛，更是美国文学史上的一次重要尝试。《滚石》尽管并非始作俑者，但由于这两人的存在确实扮演了更加令人眩目的角色。

到了 20 世纪 70 年代中期，《滚石》已经进入了全国主要杂志的行列。《滚石》地位的攀升不仅是因为其杂志的版权页上出现了诸如《纽约客》政治报道记者乔 · 克雷恩（Joe Klein）、汤姆 · 海登（Tom Hayden）

等一长串令人惊叹的杰出记者、作家与摄影师的名字，也不仅是因为它对于列侬、美国大选以及各类社会问题的深刻挖掘与探索，更深层次的原因是詹恩·温纳所推崇与引领的音乐潮流已经成为美国主流生活的一部分，甚至可以说整个美国已经摇滚乐化了。你可以想象傲慢的《纽约时报》都开始报道摇滚乐的情景吗？

罗伯特·德瑞普（Robert Draper）在其著作《滚石杂志：未经删改的历史》（*Rolling Stone Magazine: the Uncensored History*）中写道："从1970年到1977年，在美国没有另一家杂志像詹恩·温纳所称的'来自旧金山的摇滚小报'那样诚实和富有想象力。"纽约的《村声》杂志评论道，如果你在70年代是个新潮的白人男孩，《滚石》很可能是你最重要的信息渠道，婴儿潮那一代的各种文化标签——青年文化、摇滚文化、嬉皮文化、抗议文化，都是《滚石》的一部分。

1977年，詹恩·温纳决定将《滚石》迁往纽约。尽管二十年后，温纳仍然坚持旧金山是最理想的工作场所，但他清楚，1977年的美国已经不再那么风行他热爱的嬉皮作风，摇滚乐也不再是反叛的象征，摇滚歌星已然是商业电视台上的新明星了。而《滚石》经过了十年的高速发展，强烈的危机感已经出现。詹恩·温纳的冷酷与多变，令那些杰出的记者与作家一旦成名便迅速离开。况且，这些更适合于60年代风格的记者似乎有点被时代甩下了，而《滚石》则永远需要它的作者深切地了解十六岁的少年到底喜欢什么。十年前的《滚石》，大家都年轻，都拼命地拒绝成长，但到了1977年，除了詹恩·温纳,他们都长大了。詹恩·温纳希望看到改变。况且，对于他这样的张扬分子，纽约才是真正的媒体中心，在那里他可以得到更多的财富与更响亮的名声。

为数众多的批评者将1977年视作《滚石》衰落的开端，纽约的商业气息迅速冲淡了这本杂志的革命性与思想性。一位摄影师发现，当他从纽约的《滚石》办公室出来后，门口大量记者会追问："你一年的收入是多少？你有什么样的音响？你花多少钱在衣服与食品上？你开什么车？"没有人问及毒品、政府、社团等问题。这些厌恶商业的家伙惊奇地发现，自己已经成为主流媒体。

詹恩·温纳对于这一切当然满意。坐在那间宽阔、空旷、极富品位的办公室内，这位最初的穷小子体验着功成名就的满足感，那些晋见者需要穿过一条似乎没有尽头的长廊才能进入他的房间。他已经是纽约最知名的新闻人物之一了，而身上依然带有的强烈嬉皮味道更加强了他的戏剧感。他身边永远簇拥着的那些大明星，他对于服饰的追求则是当地报纸谣言专栏永远的品评对象。

《滚石》是詹恩 · 温纳的孩子，那些才华横溢的记者不过是帮助它成长罢了，它过去是也永远只会是詹恩 · 温纳性格的产物。温纳曾经用这本杂志完成了他接近那些大明星的愿望,而现在他已经与明星成了一家人，詹恩·温纳像个孩子迷恋朋友一样坚持与他们并肩作战。如此，也许你就不难理解温纳在列侬被刺那天所表现出来的悲痛：他与其他歌迷一样在大雨中哭泣，并在纪念列侬专号付印前，在杂志下面加入一句话——约翰，我爱你，我想念你，你将与上帝同在……

当一本杂志与他报道的对象成为一家人时，其报道能力自然引起怀疑。越来越多的媒体观察者和曾经的老员工认为,《滚石》失去了它最初的反文化精神，变成了像《娱乐周刊》一样的“大陆货”。当年的革命者詹恩 · 温纳在面临这样的问题时总是十分尴尬，只能回答这是那些被杂志解雇的人的说法，说杂志已经变形显然是种酸葡萄心理。毕竟这是资本主义，我们每个人都希望挣到钱。

这种辩解显得很脆弱，也让詹恩 · 温纳更加偏离了原来《滚石》的风格。70年代杰出的杂志工作者大卫·菲顿（David Felton）说："时代真的变了。过去与詹恩打交道时，我们是伙伴，是朋友，彼此平等。但今天的詹恩已经成功了，长大了，不想再与任何事情战斗。"大卫认为，在温纳的眼中，革命结束了，《滚石》现在是做生意。由利润与荣耀而非创业激情主宰的杂志已经失去了生气。在这位老员工看来，今天的《滚石》每期只有一篇文章有资格进入70年代的《滚石》杂志。它的写作水平已经下降，曾经对于社会的批判的讥讽态度也已消失。如今在《滚石》的封面上露面的是辣妹这样的浅薄女孩，而不是最初的那些音乐大师。

对于这一点，詹恩·温纳将责任推给了社会的变迁不无道理："70年代的反文化已经变成了一种今天的主流文化。三十年前的《滚石》，诞生于一个什么人都在反抗的社会。今天呢？孩子们已经非常自由，他们不知道该反抗什么，摇滚乐也成为每个商业电视台的节目。《滚石》或许遗憾地失去了最初的旁观者角色，但从另一个角度讲，也有越来越多的人开始听到我们最初所倡导的东西了……"

1998年5月，《滚石》杂志在ABC电视台播出三十周年纪念专题《我们在哪里：滚石国情咨文》，从流行音乐、个人、社区、宗教、情感、工作、金钱、政治等各个角度探讨普通美国人所关心的话题。借助“国情咨文”这样的名头，《滚石》试图向美国人说明这本杂志对美国历史与整整一代人的深远影响。但显然，越来越多的人对《滚石》声称自己仍然是“全美流行音乐及相关文化杂志”的说法不再理睬。在MTV电视台和各个重要媒体音乐评论的包围下，《滚石》显然已经失去了生气。它最初的独特声音必然因为失去独特而衰老。尽管现在的员工声称《滚石》的办公室比其他主要杂志媒体的办公室更少虚伪之气，更具有年轻人的特点，但是一个不争的事实是，今天《滚石》读者的平均年龄为二十七岁，对于一份青年杂志来讲，这有点老了。

詹恩·温纳的反叛激情与那个时代同样过去了。剩下的是他对声名与财富依然强烈的追逐。其实，他一直就是一位精明的商人，只是在年轻时他对报道的激情战胜了对财富的热情。那时候他一无所有，可以凭借冲动与直觉行事。但是现在，他不但拥有了《滚石》，还购买了娱乐杂志 *Us Weekly*，创办了成功的男性杂志 *Men's Journal*，进入美国媒体巨头的行列，而温纳媒体集团更是涉足图书出版与电视业。已经五十三岁的他回忆道：“那时候，编辑思想是极其开放的，我们必须保持天真、冒险和与众不同的欲望。只有这样，世界才为你打开。在富有之后，我们需要一点职业化，需要成熟起来。但这太困难，我们都年轻，我不过二十一二岁。大家都拒绝成熟。”而现在，他已经逐渐成熟了，尽管他依然在拒绝。

2000 年年底，詹恩 · 温纳采访了即将离职的克林顿。他常常抱怨，这个时代已经很少有英雄了，而克林顿是他依然衷心热爱的人物之一。他们似乎有许多共同点——年龄相仿，都拒绝长大，都异常聪明，或者利用政治，或者利用媒体共同为美国文化注入了 60 年代的摇滚精神。

时代精神（zeitgeist），这是人们对于詹恩 · 温纳的最常用称谓。他最初的偶像都已经淡去，只有他几乎成了唯一依然活跃的见证者。但这个迷人的称谓也宣判了詹恩 · 温纳的必然没落。不管其媒体事业多么成功，他都不再是时代引领者，人们心目中的温纳在 70 年代过后已经死去，留下的是有年轻漂亮男朋友的媒体巨头形象。三个例证残酷无情地说明了温纳对于时代已经失去敏感的嗅觉：20 世纪 80 年代初，当有人说服他投资刚刚出现的 MTV 时，他毫无兴趣；90 年代初，像他当年一样年轻的马克 · 安德森（Marc Andreessen）向他说明万维网的巨大前景时，他不愿意花一分钱，几年后，上市的网景公司让马克·安德森的个人资产迅速超过了他；稍后，他还错过了《连线》（*Wired*）杂志的投资机会，根本没有意识到网络正在像当初的摇滚乐一样改变着世界的精神面貌……

不过，这种对詹恩·温纳的指责似乎略显苛刻。因为不管你怎样拒绝成熟，你终究会失去激情与锐利，但人们也会因为你在最激情与敏锐时的成就而对你心存感激与敬畏。历史在回顾1967年时，会提到很多重要而有趣的事件。比如加西亚·马尔克斯在这一年出版了《百年孤独》，马尔克斯认为这本书的开头——多年以后，奥雷连诺上校站在行刑队前准会想起父亲带他去参观冰块的那个遥远的下午——是20世纪小说里最不凡的开头；这一年人们在电影院里看到了《毕业生》，迷惘的青年本杰明与父母辈的罗宾逊太太躺在了一张床上；在世界陷入如此混乱与分裂的1967年，美国物理学家温柏格（Steven Weinberg）提出了统一场论，试图用一种理论将宇宙进行全盘解释；历史还会记载1967年的夏天，嬉皮士们提出了“要做爱，不要作战”的动人口号，旧金山的海特—黑什伯里区（Haight-Ashbury）是他们最著名的集中地，成千上万“鼓吹爱情、和平和美好的佩花嬉皮士”在此活动；历史还会记住——这一次会让詹恩·温纳手舞足蹈——一本叫《滚石》的杂志也在旧金山诞生了，它很可能是20世纪后半期最重要的出版物之一，几乎承载了整整一代人的理想与信仰、愤怒与欢乐，见证并间接创造了一个新的“国家”，而这个国家国民的共同信仰就是摇滚乐与摇滚精神。

见证世界：《纽约时报》一百五十年

新掌权者

豪威尔·瑞恩斯（Howell Raines）的任命颇富争议。2001 年 5 月 21 日，他被宣布成为《纽约时报》第九任执行总编辑。对这个世界上最有权势的新闻职位的竞争，在总编辑比尔·凯勒与社论版主编瑞恩斯之间已经进行了很多年。

凯勒得到了当时的执行总编辑约瑟夫·李维勒的支持，而瑞恩斯则是发行人小阿瑟·苏兹伯格的挚友。聪明的旁观者其实早有定论。五十岁的小阿瑟·苏兹伯格似乎从少年起就开始了承接《纽约时报》帝国的准备。自 1980 年代初任时报驻华盛顿记者起，他一直在物色自己的班底。1993 年，在接任发行人职位一年后。他将华盛顿分社好友豪威尔 · 瑞恩斯调任社论版主编。而 1997 年成为纽约时报公司的董事长后，瑞恩斯的任命似乎已成定数。小阿瑟 · 苏兹伯格普遍被视作必将改变《纽约时报》传统的发行人。这位迷恋市场调查、开明管理模式的发行人，缺乏父亲、祖父与外曾祖父对新闻理想的执着，更看中赢利与节约成本。

同时，印刷媒体正在遭遇令人窘迫的挑战。早在 1992 年，小阿瑟 · 苏兹伯格就成立了特别小组，对在电视画面下成长的新一代的阅读取向进行分析。长期以来以严肃、一丝不苟的白人精英文化代言人著称的《纽约时报》，如何迎接多元文化的挑战？如何取悦不嗜阅读的群体的需求？如何应对电子媒体对印刷品的侵蚀？

在商业环境日趋复杂的今天，钱德勒家族已经将《洛杉矶时报》出售给时代镜报集团；《华盛顿邮报》的拥有者格雷厄姆家族早已经将集团经营范围扩大，邮报本身的赢利率已非主导，结果，掌控《纽约时报》的苏兹伯格家族，成为报业王朝的最后幸存者。

1904 年，阿道夫 · 奥克斯（Adolph Ochs）在购买了《纽约时报》八年后，建造了二十四层的时报大楼，这座当时纽约的第二高楼显示了奥克斯对时报未来的无限信心。在大楼启用的当天，时报员工将当时纽约的十三家日报放入一个铜盒子，嵌入奠基石。1964年，时报大楼的奠基石被移开，铜盒子里那些日报中十家或已停刊或已合并。第十一份报纸《纽约邮报》(*The New York Post*)已由大开报纸转为小型报纸，另一份《电讯晨报》(*The Morning Telegraph*)则成了赛马迷的专业报。

小阿瑟深知，历史的变迁是对时报最大的挑战，所以他渴望把握新时代的阅读需求，但他更了解，时报最大的成功之处在于对传统的尊崇，对新闻理想的绝对坚持。《纽约时报》作为革新者与保守者的双重身份，使小阿瑟与瑞恩斯必须加倍勇敢与谨慎。

奥克斯的新闻理想

当时的人们很难对阿道夫·奥克斯决定购买《纽约时报》的举动具有信心。1878年，这个刚刚成年的德国犹太移民之后、当时的印刷厂学徒工，利用贷款的三十七元五角美金创办了《查塔诺加时报》(*The

Chattanooga Times)。1896 年，尽管名下只有不过七百五十美元，但这个雄心勃勃的年轻人却认定进军纽约市场的时机已到。此时的纽约喧嚣、杂乱却生气勃勃，正在稳健地成长为仅次于伦敦的世界第二大城市和美国的金融、文化与贸易中心。奥卡斯看中了创办于 1851 年的《纽约时报》。

此时，这份销售率已降到九千份的日报正在崩溃的边缘，面对严酷的竞争对象包括，威廉·赫斯特（William Randolph Hearst）的《纽约日报》(*The New York Journal*)、普利策的《纽约世界报》、查尔斯·丹纳(Charles Anderson Dana)的《太阳报》(*The Sun*)、小詹姆斯·贝奈特(James Gordon Bennett, Jr.)的《纽约先驱报》(*New York Herald*)，但三十八岁的穷小子奥克斯仍然毫不迟疑地举债七万五千美元购买了《纽约时报》。

就在普利策与赫斯特以战争与黄色煽情新闻一争高低时，奥克斯却宣称他主持的时报“应无畏无惧，不偏不倚，无分党派、地域或任何特殊利益”，并刊载“所有适宜刊载的新闻”。城市化的进程使纽约人口迅速膨胀，拥挤、混乱与低素质的人口随之而来，造成了黄色新闻业的蓬勃。但奥克斯却决定办一份没有耸人听闻的标题、不登载“黄孩子”（The Yellow Kid）漫画的严肃报纸。

在喧闹中追逐严肃，比制造事端更富创新意义。奥克斯成功了。他大胆地将售价由三美分降至一美分，凭借报纸对严肃性的追逐，使发行量迅速蹿升。而且，这个新任发行人似乎并不怎样看中利润，除了基本开支与股东红利外，把全部获利都投入了编辑中。在一战中，时报派遣将近二十名记者远赴欧洲采访。奥克斯更是摒弃广告对新闻报道的干涉，仅 1929 年，时报就拒绝了三十五万美元的不合格的广告。

到奥克斯 1935 年逝世前，《纽约时报》已经与隔海相望的英国《泰晤士报》（*The Times*）并称为“报纸中的报纸”。普利策的《纽约世界报》已于 1931 年停刊，而赫斯特的报纸正日趋衰亡。苏珊 · 蒂夫特（Susan E. Tifft）与艾利克斯 · 琼斯（Alex S. Jones）在 1999 年出版的《托拉斯：隐藏在〈纽约时报〉后的权势家族》（*The Trust: The Private and Powerful Family Behind The New York Times*）中对此评价道：“赫斯特、普利策、贝奈特利用报纸追逐的是金钱、政治权力与声名远扬，而阿道夫 · 奥克斯追求的则是受人尊敬。”

美国世纪与《纽约时报》

1941年，时代出版公司好大喜功的创始人亨利·鲁斯在其杂志《生活》上发表了《美国世纪》一文，声称，美国必须引导全球发展方向，负有传播其自由、民主的价值观念的使命。

阿瑟·海斯·苏兹伯格（Arthur Hays Sulzberger），奥克斯勤勉而聪明的女婿，此时已经执掌《纽约时报》六年时间。与奥克斯一样，海斯·苏兹伯格推崇报纸的品质胜于利润，况且，第二代发行人意识到自己遇上了一个空前的好机会。《纽约时报》不仅伴随着纽约市的迅速成长与繁荣，更陪伴美国见证了20世纪初的进步运动、第一次世界大战、20年代的繁荣期、令人沮丧的大萧条……与亨利·雷蒙德（Henry Jarvis Raymond）1851年创办《纽约时报》时大不相同的是，海斯·苏兹伯格时代的美国不仅摆脱了欧洲的阴影，二次大战的爆发更使它跃升为世界的新主宰，而《纽约时报》也牢牢地搭上了这班车。

考验接踵而至。战时委员会将每年递减纸张消耗量，到1945年战争结束时，时报的纸张配给量由1941年的十万吨（发行量四十五万份）下降至七万五千吨。

像一切伟大的发行人一样，海斯·苏兹伯格决定“不计经费地投入战情报道”。除了派遣大量战时记者外，时报牺牲掉二百万美元的广告版面，用以刊登战时新闻。

由于二战期间的卓越表现，进入50年代的《纽约时报》已经无可匹敌地成为世界上最强大的国家中最富影响力的报纸。今天的历史学家几乎一致承认，时报在战争期间的表现奠定了其舆论领袖的地位。

海斯·苏兹伯格与总统和政治巨头们一同出入。而奥克斯力求严肃的新闻报道方式，也成为时报的鲜明标记。20世纪50年代的社会学家喜欢用“组织人”这样的名词来形容刻板的大公司文化。时报成为其卓越的代表，新闻部中排列整齐的桌子犹如军人公墓内的碑石。不苟言笑的政府与企业精英热衷于阅读时报，不仅因为其新闻的严谨与权威性，更因为时报表现出鲜明的精英态度。不苟言笑、端庄肃穆、摒弃花哨不正是50年代精英分子的自我认定吗？保守势力回潮的50年代，与时报气质不谋而合。

在朝鲜遭遇到的挫折，并未打击这个年轻国家统领世界的信心。几个世纪以来，世界的中心先是由威尼斯倾斜到阿姆斯特丹，然后转移至伦敦，如今纽约占据了这个位置。更由于最大的竞争者《纽约先驱报》因内部权力斗争而分崩离析，《纽约时报》成为新世界中心几乎唯一的发言人。

庞奇的变革时代

阿瑟·苏兹伯格与英国的查尔斯王子有颇多类似之处：都是法定继承人，却迟迟未获权力，笼罩在父辈阴影之下，一直忍受被轻视之苦。作为海斯·苏兹伯格的独生子，他被外人评价为“无所事事的王子”。由于幼时的淘气与木讷，被家人昵称为庞奇（Punch，意为笨拙）。流传在时报内的一个笑话恰如其分地表现了这种轻视。在任驻巴黎记者时的一个周末，庞奇去观看赛车，一辆汽车冲入观众席，酿成八十三人死亡的惨剧。然而“庞奇·苏兹伯格先生”却既没有自己写作新闻，也未派人采访。

1961年，海斯·苏兹伯格突然中风，但这一变故却并未将庞奇推向权力巅峰，反而是其姐夫崔佛士（Orvil Dryfoos）接掌了发行人职位。庞奇则充当了无所事事的副董事长。时报员工看着这位天性诙谐的王子在大楼里转悠，热心叫人修理通风管道。

两年后，崔佛士为调停长达一百一十四天的纽约报业大罢工而心力交瘁，终因心脏病突发致死。这个意外，使得三十七岁的庞奇终于执掌时报王国。

庞奇粉碎世人不信任的过程像是一幕传奇剧目。这种剧目，白宫的哈里·杜鲁门、IBM 的小托马斯·沃森、《洛杉矶时报》的奥蒂斯·钱德勒都主演过。从 1963 年肯尼迪遇刺到 1992 年克林顿上台，庞奇将《纽约时报》带出纽约市，将时报的股票发行至华尔街，更重要的是，他与执行总编辑罗森涛一起，在保留时报的严肃性之余，将新闻报道的范围扩张至奥克斯无法想象的界限。

比起《华盛顿邮报》的发行人凯瑟琳·格雷厄姆与总编辑本·布拉德利，庞奇与罗森涛未能在变革呼声响彻上空的六七十年代大出风头。邮报由于在水门事件上的敏锐与穷追不舍精神，获得神话般的声誉。时报勉强可与之媲美的成就是 1971 年公布五角大楼的文献。枯燥的文件记录最初并未引起关注，愚蠢的尼克松幕僚以泄露机密罪将时报告上法庭，反倒促成该事件成为“第四权力”的经典案例之一。

以稳重、严谨著称的时报必然会在水门事件上输给因缺乏传统而更有活力的邮报。但是，庞奇与罗森涛却用一种更为缓慢与持久的变革，将时报推上一条持久繁荣之路。

20世纪70年代，也正是电视新闻业开始繁荣之际。庞奇与罗森涛意识到，不管时报怎样投入人力与财力，在即时新闻的报道上已经必然性地输给了CBS、NBC及后来CNN这样的电视台。除了加强传统的深度新闻报道及客观评论外，时报必须探索那些电视新闻无法展现的领域。

在70年代起，《纽约时报》开始推出生活、风尚、科学之类的每日增刊，在保持国际新闻与硬性报道的同时，开始尝试将自己转变成更加杂志化的报纸。时报的精英读者除了关心国会议题与智利政变，也同样会对如何享受高品质生活兴致盎然——关心室内的新款小方块地毯。而知识分子趣味浓厚的罗森涛更是引入杰出的音乐评论家、书评家、艺术记者，使时报赢得了知识界的尊敬。

今日《纽约时报》的形态，正是庞奇与罗森涛共同奠定的。它拥有在1986年挑战者号遇难时撤掉十版广告来刊登相关报道的新闻直觉，也对纽约富人区今夏装修的细节了如指掌。也正是在庞奇时期，时报摆脱了地域的框缚，提出按人群属性划分读者，而非局限于纽约市。七八十年代以来，纽约富人不断迁出纽约市区，真正的纽约人变成了中下层的蓝领工人，他们是《纽约邮报》的读者。罗森涛的批评者指责这位专横跋扈的执行总编辑是新闻界的尼禄皇帝，不管民众死活，只关心奢侈生活。翻开《纽约时报》，你的目光从国内新闻匆匆跳往联合国议题，除了国际政经大事，你能看到的就是古根海姆的展览或是最新的科学发现……总之，它几乎没有一点展示社会不公、悲惨底层生活的篇目。

尽管被尼克松辱骂为“该死的犹太佬”，庞奇与罗森涛还是固执地相信，时报应紧紧抓住白人精英团体的阅读需求。这个群体如今遍布纽约郊区、北部的波士顿地区、西海岸的高尚住宅区，他们对国际局势与歌剧消费的兴趣远远大于身边蓝领工人的不幸生活。倡导中高层文化与消费归属感才是时报的核心所在。这种结果使得时报在强调多元化与政治正确的时代成为保守重镇。一个有趣的事实是，Ms. 这个不表明女子是否结婚的称谓直到 1987 年才被时报采用，在其他报纸相继习惯这个用法时，时报坚持用 Mrs. 或 Miss 这一男权传统的惯用称呼。时报在坚守语言的纯洁性上可以从它几百页厚的《时报用语指南》上窥得一二。《纽约邮报》的一位资深记者跳槽至时报后，意气风发地写了一篇采访，却迅速被文稿编辑打了回来。原因是第一句虽聪明地套用了流行歌词，却忽略了句法的主谓结构。

在奥克斯与海斯·苏兹伯格时代，《纽约时报》奠定了自己在突发新闻、国际局势与政治报道方面不可撼动的声誉。而在政治已经失去中心位置的80年代以后，庞奇又使时报变成了一份在各个领域都表现杰出的报纸。《纽约时报》引以为傲的不仅是其数量庞大的驻外记者，更是其独到的新闻处理技巧——不论突发新闻，还是软性报道。

在新闻内容的拓展上，时报永远不是最激进的革新者。早在1924年，时报一位资深管理者便提出扩版增刊的建议，而在70年代时报进行改革前，《洛杉矶时报》等报纸也引入了生活方式等软性报道，但《纽约时报》从不主动出击，只是埋头聚集最杰出的编辑人才，不计成本地投入人力，然后再迅速成为新领域的领导者。

《华盛顿邮报》在调查性报道上出类拔萃，《华尔街日报》在财经领域不可比拟，《纽约时报》却意味着在所有领域都有不俗表现。能进入这份报纸，成为年轻记者、常春藤盟校优秀毕业生的梦想。一位新闻资深人士解释时报的吸引力时讲道，时报提供了一种别的媒体无法提供的身份认同感——你与最杰出的人物为伍。

未来的挑战

小阿瑟·苏兹伯格英俊倜傥。他的实习生涯虽未光芒万丈，却胸怀大志，视执掌《纽约时报》为第一要务。1992 年，小阿瑟成为时报家族第四代发行人四个月后。时报一份内部文件显示：时报可能再也无法恢复 80 年代在报业一枝独秀的地位。这一报告正是由小阿瑟设立的特别委员会得出的结论，他们担忧在电视画面下成长的一代将失去阅读兴趣，而时报一贯过于严肃的态度势必将加深这种裂痕。同时小阿瑟比父辈更追逐利润，在刚刚上任时，他曾向下属表示，希望时报公司的毛利润每年都有百分之十七八左右。而庞奇只希望能够盈余百分之一二即可。

尽管在庞奇时代，时报已经试图收购电视台、电台来扩大营业范围，但小阿瑟更倾向于多元化经营，因为单一的《纽约时报》已不可能满足营收需求。像 20 世纪其他老牌报纸在 1990 年代的经营者一样，小阿瑟迷信市场调查、推崇 MBA 管理方式，而不是传统编辑人的直觉。同时，小阿瑟对文化多元论的 90 年代更有感情。当时的美国，传统白人精英传统被视作白人至上主义。在后殖民主义、女性主义等形形色色的理论鼓励下，各种从前的弱小群体与文化都在寻求自己的声音。而小阿瑟·苏兹伯格则试图促成时报的平民化，使各种人群都能够接受它。

这种做法使得父子二人颇有争议。庞奇坚持，时报不是适合每个人阅读的，你必须严肃对待。而小阿瑟则考虑，世界已经改变，那些喜欢严肃讨论问题的人群正在消失，我们要让时报变得亲切起来。

事实上，从 20 世纪 90 年代开始，时报的确开始涉足那些从前只有《纽约邮报》甚至《国民问询报》（*The National Inquirer*）才喜欢的煽情新闻领域。这些新闻题材的确吸引人，但严肃的时报却缺乏处理能力，比如 1991 年在处理肯尼迪家族传出的强奸案时，时报就笨拙地公布了受害者姓名，一时引发有关新闻职业道德的滔天争论。

过于激进的小阿瑟显然低估了《纽约时报》传统的力量，更忽略了时报之所以为时报的关键，正在于其保守的严肃。除了 1991 年的尴尬，时报在 1999 年李文和案上的报道也显然过了头。评论家鲍威斯曾在《大西洋月刊》上撰文比较《纽约时报》与《华盛顿邮报》的角色转化。很显然，时报正在学习邮报二十五年前水门事件时的激进大胆表现，却失之鲁莽。而邮报反倒开始变得像最初的时报那样严肃而诚实可信。鲍威斯写道：“今天，你拿起时报，感到它比邮报刺激、危险、吹大牛，而一度是地球上最性感的邮报则有点衣着过时、步伐缓慢，最近还比不再沉闷的时报更可信。”而当时的执行总编辑李维勒除了李文和案的困扰外，也面临了1999年时报在普利策奖评选中十五年来第一次全部落败。

尽管如此，《纽约时报》依旧保持着舆论领袖的位置。当时报就李文和案表示道歉时，所有人都深感震惊——一向过分严谨的时报竟然也会犯此错误。但无疑的是，那种曾使今日时报赢得至尊无上荣耀与尊敬的保守传统正在消失。虽然小阿瑟担忧数字媒体将不可避免地冲击纸质媒体，但真正令人担忧的却是为了迎合风尚而盲目改变。

1985年，努哈斯（Al Neuharth）创办的快餐报纸《今日美国》（*USA Today*）学习彩色电视效果，但十几年后这份报纸依旧被视作垃圾。不管是电视还是后来居上的网络，都的确提供了大量各种角度的信息，但是信息并不等于新闻。李维勒1999年在伯克利大学新闻学院的演讲中说，在一个信息泛滥的时代，我们更需要一份诚信而严肃的报纸，dot-com风潮过后，印刷媒体并未消失，甚至更突显出其梳理庞杂信息的重要性。

没人否认环境正在改变。一个世纪前，当普利策与赫斯特绞尽脑汁争夺纽约读者时，报业生机盎然，今日电视业与网络业的竞争激烈同样相似于当年。CBS 电视台的《幸存者》游戏难道不是普利策报纸中那个黄孩子的翻版吗？

但是，有一种东西却始终没有变化，那就是媒体该以何种眼光来观察世界。南北战争时期，《纽约时报》创始人亨利 · 雷蒙德深入战区进行采访的勇气，同样适用于一战、二战期间的时报。而 1896 年，奥克斯定下的“不偏不倚”的报道方式仍然是报纸尊崇的准则。一百多年以来，时报能目睹竞争对手一个个消亡，正是由于它对奥克斯传统的延续。老时报人或许会津津乐道奥克斯如何撤换广告来增加战争报道，甚至会说这位报业老板如何鄙视商业利润，最讨厌手下人为了增加百分之几的利润而费尽心机。报纸是社会的公器，肩负的使命感使它超越了仅仅作为一份生意而存在的意义。这种准则同样备受庞奇 · 苏兹伯格的推崇。

小阿瑟 · 苏兹伯格当然会有他的盘算。《名利场》杂志评价他选择的豪威尔 · 瑞恩斯一向会替发行人考虑如何压缩编辑成本。这令编辑们无法不怀念 50 年代的海斯 · 苏兹伯格时代。当时的记者拉塞尔 · 贝克（Russell

Baker）发现编辑部人员常常过剩，因为老板总是希望当泰坦尼克再次沉没的时候，有足够的人手去报道。

小阿瑟·苏兹伯格与上任九年的执行总编辑豪威尔·瑞恩斯带领着《纽约时报》这艘战舰继续前行。但他后来遭遇的问题在某种程度上与当年他的外曾祖父曾面临的处境颇有类似。奥克斯坚信，在杂乱的19世纪末的美国，一份清晰严肃的报纸将赢得市场，所以他成功了。虽然小阿瑟同样面临新世纪多媒体共存带来的混乱，但这位1997年正式接任时报公司董事长的掌权者应该知道，时报客观严谨的报道是其区别于其他媒介的致命武器，必须被珍视。

当然，今日的《纽约时报》面临的更艰巨挑战来自技术。一种强烈的呼声认定，古登堡带来的印刷阅读时代必将消亡。但不管将报纸印刷在纸张上还是电脑屏幕上，人们最终接触的是阅读与思想。真正珍贵的并非纸张印刷这种载体，而是阅读与思想的高贵性。小说家马里奥·略萨（Mario Llosa）在《文学与自由》一文中曾写道：

> 书写文字发展于一片空白之中，再加上它被复制和流通的速度与它所传递信息的隐秘性，以

> 及文学形象在人的意识中留下的持久印记，使得它表现出来的是一种对受奴役的抵抗……与书本不同，视听音像制品会制约人的想象力，钝化敏感性，产生消极思想……音像的冲击力始终不如书本对人的精神产生的影响，它是转瞬即逝的。相比于读者的智力和幻想能力来说，听者和观赏者智力和幻想能力的参与度是微不足道的。

这段话有力地回应了悲观者与怀疑者。出现于17世纪的报纸不过是人类阅读传统的一部分。作为一份每日印行的新闻报纸，《纽约时报》之所以能够赢得今日的崇高威望，正是因为其一代代编辑人试图将阅读与思想的高贵性每日带到读者面前。普通媒体承担着揭露黑幕、公正报道的责任，而高级媒体则试图将人类的尊贵思想与情怀带给读者。

在《纽约时报》的历史上，一个场景始终令人振奋：1896年，穷小子阿道夫·奥克斯战战兢兢地来到J. P. 摩根（John Pierpont Morgan）面前，希望这位金融巨子能够借五万美元给他，购买一份叫《纽约时报》的濒临倒闭的日报。这个来到纽约闯天下的外省人，希望能够将这份报纸办得“无畏无惧，不偏不倚，无分党派、地域或任何特殊利益”，以便与普利策及赫斯特一争高下……

印刷工出身的外省人成功了。不仅因为2000年纽约时报公司的赢利已达到近三十五亿美元，更因为这份发行量曾降至九千份的报纸，获得了奥克斯真正渴望的无可匹敌的声誉，与崇高得令人惊异的尊敬……

取悦他人的危险

公民德拉吉

托马斯·杰斐逊教导我们说，不时地来一点小小的反叛并非坏事。反叛经常是刺耳和令人不安的，不合礼节和粗野的。

——罗德福·斯莫勒，美国宪法学教授

当阿尔·戈尔（Al Gore）与乔治·W. 布什陷入令人难堪的竞选僵局时，好奇者蜂拥到一个叫“德拉吉报告”的网站（www.drudgereport.com），以寻找 CNN 与《纽约时报》可能不予报道的有关大选的小道消息。

近几年以来，这个设计简陋、只由一位未受过任何新闻训练的人控制的网站成了美国最重要的新闻源之一，并不断在突发新闻报道上无情地击败了 ABC、CNN 与《纽约时报》等主流媒体。但是这种成功又掺杂着太多令人不安的成分，因为这家网站所依靠的不过是一些永远都不会消亡的谣言。《华尔街日报》的一则新闻需要通过五位编辑才能见报，这家网站却从不核查谣言的真实性。为了追求耸人听闻的效应，它随时准备着公布任何诽闻。而这家网站的建造者与唯一的新闻编辑麦特·德拉吉（Matt Drudge）注定要同时进入美国新闻史上最著名的革新者与最臭名昭著的小报记者的双重行列。更重要的是，这个年过不惑、一副西部牛仔式嬉皮打扮的人已经部分地改变了美国政治、新闻与历史的运转轨迹。他的新闻哲学（就像他出版的著作《德拉吉宣言》[*Drudge Manifesto*]）引发的后果与无法了结的争论，让人迷惑不已……

让我们先回到 1994 年。这一年，一个叫麦特·德拉吉的高中辍学生在厌倦了 7-Eleven 便利店的工作后，搬到洛杉矶，成为哥伦比亚广播公司礼品店的店员。在那里，他开始阅读《综艺》（*Variety*）这样的娱乐杂志。这一年秋天，德拉吉在收到父亲赠送的一台计算机后，被计算机提供的交流模式征服了。出没于聊天室成了他的主要乐趣，他还开始将一些娱乐与政治消息贴到网上，其中一些就来源于哥伦比亚广播公司废弃的新闻稿。1995 年年初，他的电子邮件式的新闻公告吸引了一批人关注。4 月，他建立了“德拉吉报告”网站。由于率先报道了 NBC 与微软共同建立 MSNBC 这样的事件，“德拉吉报告”开始引人注意。但是，真正将德拉吉推向焦点的，是他从 1997 年开始的对克林顿与白宫丑闻的报道。

1997 年 7 月，德拉吉通过一个私人聊天室获知《新闻周刊》的迈克尔 · 伊斯科夫（Michael Isikoff）正在写一篇有关白宫诽闻的报道。由于据传克林顿曾对其有过性要求的凯瑟琳 · 韦利（Kathleen Willey）拒绝提供证明，《新闻周刊》便放弃了这篇报道。但德拉吉的网站迅速披露了这一未经证实的新闻。一天后，哥伦比亚新闻对此事件作出反应。尽管包括紧接着的琳达 · 特里普（Linda Tripp）与保拉 · 琼斯（Paula Jones）在内的一系列与克林顿有关的丑闻最终不了了之，但都成了当年媒体最热门的话题，而德拉吉则是这一系列事件的始作俑者。德拉吉神话开始隐隐出现——一个人引导了整个主流媒体的报道方向。

1998 年 1 月 17 日，“德拉吉报告”上贴出了一条新闻：“在最后一分钟，《新闻周刊》枪毙了一篇必将动摇华府政治基础的故事：一位白宫实习生与美国总统有染！”这则新闻快速传播，引人震惊，但大部分媒体不做反应。直到星期天晚上，德拉吉终于将那个实习生的名字贴到网上——莫妮卡·莱温斯基（Monica Lewinsky）。

德拉吉依然是从一个隐秘的消息源获知这一新闻的，并了解到迈克尔·伊斯科夫在调查凯瑟琳·韦利时就曾提到莫妮卡·莱温斯基这个名字，但《新闻周刊》因为缺乏更明确的证据，最终还是放弃了这则惊天新闻。接着，德拉吉贴出了这样的标题——“水门事件，1998”，并声称已发现克林顿有残余的精液留在莱温斯基的外衣上，而莱温斯基将永远不会洗这件衣服。

再往后的事实就无须陈述了。尽管被克林顿轻蔑地称作“污泥（sludge）”，但德拉吉还是促成了20世纪结束前世界最大的闹剧：斯塔尔报告、总统弹劾案、公众对于丑闻的热衷，还有互联网新闻业的抬头……

让我们再回到1998年6月2日。此时的德拉吉已经成为一颗备受争议但绝对耀眼的明星。在NBC的辩论节目中，他被《洛杉矶时报》的资深记者杰克·尼尔森（Jack Nelson）指责为“从未关注事实正确与否的家伙”；而哈佛新闻学学者马文·卡柏（Marvin Kalb），则认为他根本就是谣言的传输带；在线杂志 *Slate* 的杰出编辑迈克尔·金斯利（Michael Kinsley）称之为“横亘于互联网与公众之间的最大麻烦”。但同时，又有一些人坚持认为他是与鲍勃·伍得沃德与卡尔·伯恩斯坦一样伟大的记者（就像德拉吉自己说的）。福克斯新闻节目在介绍他出场时讲道：“这是一位稳健的揭露者、互联网告密者、公民记者。每个人都渴望知道他下次说什么。你们知道他的名字——德拉吉。”

在华盛顿的全国新闻俱乐部里，面对那些受过哈佛、哥伦比亚这类名校训练的《华盛顿邮报》《时代》与 CNN 的记者，这位以肆无忌惮著称的小子讲道：“这一代人已经不再依靠阅读报纸或者看电视来获取新闻了，他们喜欢电脑屏幕。尽管大多数美国人还不习惯这个家伙，但我认为互联网可以让新闻业重新焕发青春。我的读者会说他们的意见被主流媒体所控制，这些大机构令人生畏。我觉得自己呈现了另一种可能，在我的网站上，每一项工作都印有我个人的痕迹。我是寻求真理的游击队员，我喜欢去那些散发出臭气的地方。我是个扒粪者……”

2000 年 10 月出版的《德拉吉宣言》，由他的一些缺乏组织却充满惊悚的媒体批评片段、断断续续的日记和杂乱的笔记组成，其中贯穿了一种“垮掉一代”的节奏。这本书比较完整地表达了德拉吉的主要想法：一，媒体巨人控制了公众，而他的任务是单枪匹马地与这些媒体巨人搏斗，传达给公众另一种声音；二，印刷术死了，电影死了，电视死了，互联网将取代一切；三，新闻将不再受大机构控制，永远也不再会，在互联网上，每个人都是记者；四，媒体无须检测新闻的正确性，公众自然会鉴定。

所以，有关德拉吉的争论已经不仅仅是关乎丑闻记者是否有资格进入新闻界的问题。四个问题尖锐地突显在其拥护者与反对者面前：

1. 新闻业的责任到底是什么？

2. 公众的趣味与媒体之间的关系如何？

3. 我们的文化倾向是什么？

4. 互联网代表的新媒体与旧媒体的关系如何？

普利策先生制定了新闻的最初模式，在林肯·斯蒂芬斯（Lincoln Steffens）与门肯等人的完善下，我们得到的结论是：新闻记者必须不顾一切地揭露社会的黑暗，他是一个健康社会的守卫者，是第四权力，是所谓的“扒粪者”。也因此，早期的新闻记者大多未受过正规教育，他们更需要的是敏锐与勇敢。这是新闻业最重要的原则，因为媒体给予了公众知晓权，是民主社会中最重要的环节之一。

如果仅仅从这个层面上说，麦特 · 德拉吉的确是一位成就斐然的揭露者，他对于克林顿丑闻的揭露所造成的影响不亚于《华盛顿邮报》对水门事件的报道。就像他在接受 NBC 采访时所说 ：“当然，我去那些发出臭味的地方。”

新闻业的初期充满了勇敢的业余选手凭借激情而成为好记者的例证。但是，随着媒体对于世界越来越广泛的报道及商业利益的需要，庞大的新闻机构成为调配这种复杂作业过程的必然产物。我们可以相信一家小镇报纸依靠几个人就能完成报道，但是对于拥有上千名记者，需要同时报道美洲、欧洲、亚洲、非洲等事件的《纽约时报》来说，如果缺乏一个严密的制度该如何行事？为了保持新闻报道的准确性与公正性，这些大新闻机构必须安排严格的程序 ：记者—作家—编辑—事实核对员，通过这样复杂的过程尽量避免由于记者的疏忽和个人倾向带来的严重失实。

伴随着新闻业的成熟，越来越多受过良好教育的人进入其中。他们的价值观念必然与最初的草莽记者不同。强烈的精英思想使他们认为自己有责任筛选各种新闻事实，让那些他们认为值得出版的东西面世。但严格的程序与精英化思想很容易形成某种傲慢，而他们却成了向公众提供新闻的唯一源头。

这一点正是德拉吉在他的著作中竭力攻击的一点。他认为，媒体正在被集中到少数精英手中，新闻变成了一个大机构的集体成功，这些大机构离权力中心太近了，它们根本无法了解真相，而他则是一个人在操作，不需要编辑也不需要事实核实人，所以可以非常迅速而随意地公布新闻。他的哲学是：不管你提供的是谣言还是真实新闻，公众自然会判断。但是德拉吉忽视了一点，他所挖掘出来的白宫丑闻是建立在《新闻周刊》放弃的一条报道上的，也就是说真正提供新闻调查的依然是大机构，而德拉吉不过是更加勇敢地将它公布出来而已。

我们再说说第二个问题——媒体与公众的趣味。让公众喜悦而让精英愤怒的一点是，麦特·德拉吉最擅长报道诽闻与丑闻。满足公众的低级趣味是新闻业相互竞争的最初形式。当年普利策与赫斯特之间的决斗，就是依靠大量刊发战争、色情内容进行的。但伴随着媒体的职业化与规范化，媒体逐渐形成等级观念，因为如果我们承认人是一种具有各种需求的动物，那么他一定具有迥异的需求。今天，我们一方面看到了《纽约时报》《新共和》《时代》这样以中产阶级为对象、报道题材严肃、报道方式严谨的媒体；另一方面，我们同样看到了《国民问询报》《太阳报》这样专以追逐明星、绯闻、奇谈为己任的“小报”，他们的读者群为缺乏良好教育的下层人民。长期以来，“大报”以一种“不屑”的目光来看待“小报”，这是一种基本的等级秩序。其逻辑在于，文化有高级、低级之分，趣味有雅致、低俗之分。

“连拼写都会出现错误”的德拉吉的关注方向无疑属于后者。但是，真正让精英们无法容忍的是德拉吉认为“小报”与“大报”并没有区分，直接打破了原先的秩序感。在他的网站上，小报的谣言作家与斯坦福的大学教授具有同样的地位。德拉吉反驳道：“我从未觉得他们有什么区别，或许后者写得更有深度，采用的是一种更加煞有介事的口吻，但我们将他们同等看待。或许是因为我没有上过大学吧，所以我没有学会这样看待问题：谣言专栏水准低，而严肃的工作更值得尊敬……生活的斗争与人类存在的理由不会因为你驾驶奔驰还是步行而有所区别……新闻行业或许有不同的智商值，但它们是同一种情感。”

德拉吉尖锐地反映出我们社会中越来越强烈的“反智”倾向。静下心来，我们会发现周围充斥着越来越多打着民主名义来传播庸俗的“平等主义”现象。倡导者坚持所有人、所有的想法、所有文化都是平等的，没有高下之分。也因此，“小报”在社会获得越来越大的影响力。1997 年，在《纽约时报》与《时代》周刊的联合评选中，《国民问询报》的编辑史蒂夫·科兹（Steve Coz）被评为美国最具影响力的二十五人之一。

德拉吉成为这股趋势中最勇敢与最厚颜无耻的声音。当被质询其网站内容并非新闻而是谣言时，他回答道：“在我的网站上诽闻是谣言，在《纽约时报》上诽闻就成了新闻了。”德拉吉之所以能够如此鲜明、淋漓尽致地表现出他的新闻秩序与文化观念，在于他认为自己拥有了互联网这项伟大的武器。他在《德拉吉宣言》中写道，互联网取代了一切旧有的沟通形式。而由于这项技术，每个人都可以成为记者，仅仅用鼠标与调制解调器，就可以摧毁那些大的新闻机构。我们必须承认，互联网所带来的交流革命的确正在瓦解我们熟悉的单向交流方式，使我们获得了空前的自由，降低了发言成本，使新闻业比过去任何时候变得都更具有“即时性”。但是，我们同样看到了这种无边界自由所带来的混乱与低质量。

德拉吉在接受 *Brill's Content* 的记者采访时说：“我

没有希望让我的报道明智起来，我在享受每日的生活。我只活在当下。我都不知道两周后会做什么。互联网给予你按赞成的步伐前进的自由……我学习到更正确的拼写，如何运用高中水平的语法，学会了如何运用勇气对付权力分子。”

我们必须承认，认为新闻记者不需要专门训练，只凭冲动即可的观念是可笑的。德拉吉夸大了互联网的革命性。在互联网最初的普及过程中，新闻业的确出现了暂时的失序。但是伴随着公众心态的成熟，它最终依旧会变成一项或许伟大但终究简单的技术。新闻业在经过最初的冲击后，很快会恢复它的规则，而互联网也将像电视一样成为新闻发展史中的一项新技术。我们可以用德拉吉最得意的莱温斯基事件来反驳他，倘若没有被《新闻周刊》放弃的深入报道作为基础，德拉吉是无法成功的。他只是碰巧成为第一个说话的人。

当然，这一切并非在否认麦特·德拉吉的成就，而是说在这个喜欢戴稻草帽的人的背后，隐藏着我们时代各种文化之间的冲突。而且，德拉吉可能是我们这个时代最具趣味性的人，如果你是一个美国梦的信仰者，你没法不喜欢他。

最后，我们再来看看德拉吉的人生简历吧。出生于美国马里兰州华盛顿特区一个郊区的德拉吉，是一位自由民主党人士的独子。德拉吉的父亲是工人，母亲是律师，他与新闻发生的唯一联系始于童年时在睡前听收音机里的犯罪新闻，及十几岁后开始看的 CNN 一线报道。他在高中是个差生，未能进入大学，在开创“德拉吉报告”前，一直是个低级店员，文化水平甚低，甚至连拼写都不过关。但就是这样一个“nobody”，借助互联网与执着的“扒粪”精神和可贵的运气，成了今天媒体界的“somebody”。《德拉吉宣言》出版后，很快登上了《纽约时报》畅销书榜，主流媒体纷纷予以评介，但此时的他依然坚持：“我没有学习任何新闻学，一切不过是欺骗而已。”

从个人角度来讲，德拉吉的确具有标志性意义。有人将他比作“猫王”，因为当艾尔维斯 · 普莱斯利扭着屁股出场时，1950 年代的成年人也对他不屑一顾。或者，他更接近拉里 · 弗林特（Larry Flynt）这位色情出版业大王，背负着大部分人的指责，却被一位法学教授赞誉为“最大限度地扩大了美国人言论自由的范围”。更极端的人，将之视作为当代的托马斯 · 潘恩（Thomas Paine），这位美国的奠基人之一在写作《常识》（*Common Sense*）之前，是一位饱受辱骂的异教徒。当然，德拉吉更愿意说自己是鲍勃·伍得沃德与卡尔·伯恩斯坦（“水门事件”的两位揭露者），虽然鲍勃·伍得沃德公开地斥责德拉吉玷污了新闻业。不管怎么说，麦特·德拉吉注定成为一个反抗传统、挑战权威的符号式人物。在一团混乱中，他让自己成为如猫王的摇摆、安迪·沃霍尔的坎贝尔汤罐与斯蒂夫·乔布斯的苹果电脑一样永久的历史符号。

到这里，希望各位能从德拉吉神话的浪漫中摆脱出来，因为更重要的事情是，我们应该如何清晰地面对新闻业的责任。在技术和公众低级趣味对媒体的冲击影响愈发明显的今天，新闻从业者显然不能说“我只提供不顾真假的事实，让公众自己去分析”，因为新闻业从来都不仅仅是一个“扒粪”的工作，在某种程度上，它肩负着更重要的使命。

德国哲学家雅斯贝尔斯（Karl Jaspers）曾讲过，由于现代生活的实际情况极为复杂，社会愈来愈功能化，新闻记者成了连接广泛的外部世界与个人的唯一纽带，所以必须时刻保持清晰的头脑和自我反思与学习的能力，在现实报道中引入客观而崇高的情感。由于报刊已经成了大众主要的精神生活，所以新闻记者必须成为联结高级文化与普通群众的纽带，将人类文明中最精髓的东西通过报刊传达给公众。

麦特·德拉吉先生当然会嘲笑这种典型的“精英主义理想”，而我们当然也要和德拉吉先生一样，奋起反抗媒体集团为商业利益或政治利益而出卖新闻业独立精神的行为，但我们更应该清楚，实现的手段绝不是“诽闻与道听途说”。

黑幕揭开之后

一切谬误，只要大家可以自由反驳，它就不再危险了。

——托马斯·杰斐逊

（Thomas Jefferson），第三任美国总统

艾达·塔贝尔（Ida Tarbell）诚实、刻薄、有天赋，永远也无法忘记自己父亲的手推车因为标准石油公司的运油火车而搁浅。1904年，这位《麦克卢尔杂志》（*McClure's Magazine*）的知名记者出版了《标准石油公司史》（*The History of the Standard Oil Company*）。这本书激动人心的情节有效地激起了公众对于石油垄断

者标准石油公司与其创办者约翰 · 洛克菲勒（John D. Rockefeller）的深刻仇恨，并潜在促成了该公司最终被分拆的结果。

这部已经不再被阅读的著作，体现了绵延于 1902 年至 1914 年美国新闻界的黑幕揭发运动的基本特征：激情四溢、正义感十足，却被偏见左右。这场运动的发起者《麦克卢尔杂志》、《柯里尔》（*Collier's*）、《人人杂志》（*Everybody's Magazine*）等刊物，知名记者林肯 · 斯蒂芬斯、艾达 · 塔贝尔，深深感觉到美国在由农业国家转型为工业国家的过程中，旧有的社会规范失衡，不公正现象司空见惯。

1860 年美国只有三位百万富翁，但到了 1900 年，这个数字增加到三千八百个。不断的企业兼并使垄断托拉斯成为可能，出现了美国钢铁公司及标准石油公司这样的超级企业，及 J. P. 摩根与洛克菲勒这样的亿万富豪。百分之十的人口掌握着百分之九十的财富。城市化进程使大量人口由乡村涌入设施尚且简陋的城市。在缺乏相应法律与社会保障的情况下，工人与透明度不够的企业界和政界彼此敌视。正如历史学家康马杰（Henry Steel Commager）所说："美国人对新时代的到来，既无经验，也无精神准备。"

同时，教育的普及使公众阅读群体出现，迎合大众口味成为新闻业的新方向。约瑟夫·普利策与威廉·兰道夫·赫斯特已经利用各自的报纸争夺市场。但杂志业只有在廉价的《麦克卢尔杂志》出现后，才真正地进入大众市场。

20 世纪初的芝加哥记者邓恩（Finley Peter Dunne）将新闻监督者打趣地说成“使痛苦者舒适，使舒适者痛苦”的人，而黑幕揭发运动正是建立于转型期公众的痛苦与迷惘情感之上的：记者将目光瞄准参议院、钢铁公司、教会、监狱、肉类加工厂，不断将“黑幕”“耻辱”“道德败坏”“黑心”这样词语加诸其上，而“悲惨”“可怜”则用来形容普通民众。

艾达·塔贝尔将矛头指向标准石油公司；D. G. 菲利普斯则说参议院一个个都是“脑满肠肥、大腹便便”的叛国者，不过是为金融家与工业家服务的；林肯·斯蒂芬斯揭露说，纽约的城市是由黑帮似的政党控制，他们是“城市的耻辱”……

通过暴露黑暗，是否能够改变现状？在杂志记者们煽动起公众的不满情绪之后，民众压力直接推动了新法案的诞生与福利制度的完善。纯净食品和药物管理法、肉类检查法、打击放任自由经济的《赫伯恩法》

（Hepburn Act）、《克莱顿反托拉斯法》（Clayton Antitrust Act）及相关妇女选举权、选民直接投票的预选、住房、教育的等诸多法案都由此出现。

黑幕揭发者喜欢追究内幕的倾向，有效增加了政府与企业机构的透明度。在此之前，大型机构就像从不抛头露面的洛克菲勒一样隐藏在公众的视线之外，让人觉得神秘和无法预测。但是，仅仅将目光盯向黑幕是否意味着另一种深刻的罪恶，是否与黑幕本身同样可怕？西奥多·罗斯福在 1906 年将黑幕揭发者比作班扬（John Bunyan）的著作《天路历程》（*Pilgrim's Progress*）中的扒粪者，说他们对美好的事物视而不见，只盯着地上的秽物。

事实上，在 1905 年之后，黑幕揭发便开始衰落了。因为揭露成为一种时尚后，记者与读者已经在内心植入了仇恨的萌芽，他们对事实没有兴趣，只对揭露本身感兴趣。像斯蒂芬斯那样严肃的调查者越来越少。一些保守派人士甚至开始抨击新闻界正在把黑幕揭发当作促销手段，以正义的名义来增加报纸和杂志的销路。黑幕揭发运动的支持者将衰落归结于部分媒体与记者的不负责任。但即使是整个运动中只有林肯·斯蒂芬斯这样兢兢业业的调查者，它也依旧会迅速失败。这场运动从开始起就注定充满漏洞，因为记者们秉承着“世界充满阴谋与丑陋，我们要勇敢地指出它”这一理论基础，只喜欢嘲讽、谩骂，而这种一味的批评最终使行动本身的破坏性远远超过了其建设性。试想，当一位缺乏足够教育的民众，每日阅读的内容都充斥着这个国家的丑陋，他除了加倍愤怒外还会有什么样的反应？当然，不满会导致社会规范的相应调整，但是煽动不满对心灵的伤害却是更为漫长与深刻的，不可能带来理性的思考。

世界并非只由事实组成。黑幕揭发者相信，只要他们最大限度地向公众表现事实，社会就会得到改善，而他们自己无疑站在了事实这一边。曾为林肯·斯蒂芬斯短暂工作过的沃尔特·李普曼在重新审视 1917 年至 1920 年的《纽约时报》时，发现这份以严肃公正著称的著名报纸，充斥着前后不一的谎言，比如对于俄国革命，报纸所发出的报道并非基于事实，而是由“组成新闻机构的那些人的愿望所主宰的”。年轻而有思想的李普曼承认，人总是被自己的偏见左右，很多情况下，事实被人头脑中固有的幻想与褊狭所扭曲。这是人类不可克服的弱点。

同样的，将事实视作生命的黑幕揭发者回避了这个永恒困境。就像艾达·塔贝尔在处理标准石油公司的调查时，不可能忘记父亲的遭遇一样，人类社会始终存在缺陷，而承认这一点可以使我们更为有效地改变它。但是，黑幕揭发者却否认了这一点。他们过于激烈的情绪最终妨碍了理智的判断。当然，他们的勇气的确令人尊敬。

黑幕揭发运动结束了，但是也留下了宝贵的财产——记者的深入调查精神。1964年，普利策设立地区性调查奖项正是为了彰显这种可贵精神。而《华盛顿邮报》两位年轻的小伙子在水门事件的杰出表现，更将调查性新闻推向了荣誉的顶峰。

但是，一个需要警惕的事实是，水门事件后，新闻记者又对“阴谋论”产生了浓厚兴趣，他们想揭露阴谋的欲望远胜于公正的报道。揭露黑幕令人尊敬，但是过分迷恋黑幕揭露却可能正通向危险。

同样处于社会转型期的中国新闻界，正对发生在一个世纪前的黑幕揭露运动充满兴趣。他们片面地将第四权力简化成大无畏的批评，迷恋勇气多于智慧，强调行动甚于思考。的确，人们大可一个接一个地揭露黑幕，但是然后呢？

一份仅仅满足于揭露黑暗事实的媒体无疑是低级的。正如英国人约翰·斯图亚特·穆勒（John Stewart

Mill）这位杰出的自由主义知识分子所说的那样，只会嘲讽世情的人是末流思想家和最低等级的消极或破坏性哲学家：“他们只知道什么是假的，却不知道什么是真的；他们使人们的头脑意识到陈旧观念和体制的自相矛盾和荒谬，却提不出新观念来填补空缺。我不想贬低这些人的贡献，人类深深地感激他们。世人相信许多虚假的事物，也相信许多曾经真实但后来早就不真实的事物。在这个世界上，他们（消极哲学家）永远也不愁没事干。勇气、言辞犀利、掌握好辩论技巧和哗众取宠的方法，可以把最浅薄的人和最玩世不恭的人造就成一个消极的哲学家……”

我们见到的丑陋已经太多，现在我们需要知道，什么是美丽、高尚和健康的。

新闻判断力比勇敢更重要

一个二十四小时的新闻台是否能够减少你的恐慌？一百个版的SARS增刊就能增加你对疫情状况的了解吗？最近，我对一切媒体都厌恶之极，因为世界在它们的描述中，除去SARS外别无他物，仿佛全球不足六千个感染案例却能涵盖了其余六十亿人的生活一样。我们看到那些勇敢的记者，将医院视作海明威战斗的意大利前线，试图呈现、放大并回放每一个病人的细节。

但是，人心并未因此而安全。是的，没人否认信息公开的重要性，但是我们越来越要面对的一个事实是，信息公开在镇定人心的同时，也可能制造混乱，北京一家建筑公司的领导人甚至试图禁止民工收看电视，害怕他们在恐慌中逃回家乡。

这场突如其来的SARS危机，对新闻业的真正考验，是它质疑了中国新闻界的一些惯性思维。在相当长的时间里，中国新闻界生存在两种自我营造的气氛中。他们中最锐利的，将自己想象成斗士，代表着正义与弱势一方，去刺破束缚与黑暗，他们大多是唯事实论者，认为只要尽可能地披露真相，就越可能接近真理；其余的大部分，则感慨时运不济，将自己的平庸推卸在制度层面上——不是我不想怎样，而是环境不允许。在漫长的前行道路上，大多数新闻从业者看到自己被阻拦在一座山峰前，便只是抱怨，单纯地认为只要这座山峰消失，前途必然光明。

普利策塑造的新闻传统影响着现今大多数的中国记者。他们将自己的职业想象成一个转型社会的先知，试图在价值失衡的年代，充当暂时的立法者。他们迷恋于揭露黑暗，追寻真相，就像20世纪80年代前美国电影中的记者形象：挑战既有社会秩序的不安分小子。但是他们忽略了一点，那就是今天的中国除去面临类似19世纪末美国的转型外，还同样面临着CNN与互联网开创的新传播年代，在这种语境中，新闻业面临的首要问题不是呈现更多的信息，而是信息的泛滥。于是，在这种双重夹击下，新闻业一些固有的缺陷被更明显地放大出来。

首先，新闻很难客观。新闻对正常的世界不感兴趣，只喜欢异常。所以当战争、灾难到来时，新闻记者的神经也开始活跃起来。与过去年代不同的是，媒体在我们的时代扮演了中心角色，覆盖了我们生活的所有领域，在很大程度上，我们依靠它来了解世界。所以新闻业的习性，将直接塑造大多数人对世界的感知。2001 年 9 月 11 日 8 点 42 分之后，美国人几乎相信，这世界上只有恐怖主义，就像 2003 年 4 月 20 日以后，中国人只关心 SARS 一样。不得不说，灾难的显著性，除去国际压力的影响外，媒体的渲染同样起到极为重要的作用。电视网使中国大部分并非疫区的人民亦有了强烈的参与感。

其次，媒体具有天生取悦市场的倾向，市场的诱惑可能比政府压力更可怕。保罗·克鲁格曼（Paul Krugman）发现，英国 BBC 电视台虽然是国家媒体，但在报道伊拉克战争的问题上，常常对政府持批评态度，而美国的私人电视网如福克斯等，却仿佛是政府的宣传机器，因为后者面临更大的竞争压力，需要迎合公众的态度。同样，中国媒体在 SARS 的报道中，对于情绪的大肆渲染，很大程度是源于新闻人的本能想法：这样更容易销售。

当然，必须承认，从来就没有笼统的新闻业之称。

电视与纸质媒介（报纸、杂志）有着截然不同的特性，前者更容易屈服于市场压力，因为它的反馈更为迅速。所以，中国新闻业首先面临的挑战是，必须拥有一个层次更为丰富的媒体行业：电视天生适合提供更多的信息，而报纸与杂志却并未提供更多的分析与观点，这种分析与观点本应在混乱期给人提供更多的心理慰藉；其次，理解力在我们时代的新闻业中将充当越来越重要的角色，甚至要比勇敢这种品质更为重要。我们的世界变得越来越复杂，任何单一事件不再是非黑即白，而是往往有着太多的牵扯，杰出的记者应该注重为读者提供这种线索的梳理，而非简单的呈现。

不管新闻业如何受制于外界环境，我却越来越相信，与它的品质最直接相关的仍是新闻人本身。希望在这场危机中表现平平的中国新闻人能够意识到，束缚他们前行的并非是制度，而是自身能力的缺陷，因为自己面对的是一个更为复杂的环境。

专业教育的危机

两项最负盛名的职业教育正遭遇质疑。新创刊的《管理学习与教育学刊》(*Academy of Management and Education*)在对 MBA 毕业生经过一番调查后，得出这样的结论：花费十万美元获得两年的 MBA 教育，对毕业生未来的薪酬及职业前途并无明显作用。加拿大的管理学权威亨利·明兹伯格(Henry Mintzberg)最近也说，管理课程只对那些已具有管理经验的人才适用。言下之意，你别指望一个二十五岁、一心要爬上高位的愣小子经过两年学习，就能对别人发号施令。他跟踪调查了十九名掌控了大公司的哈佛 MBA 毕业生，结果发现其中十位碰上了大麻烦：要么公司破产，要么自己离职。

比起商学院，最近的新闻学院更为尴尬。哈佛大学在 1908 年创办了第一所商学院，不管怎样，全美最大一百家公司中的四十家是由 MBA（不一定来自哈佛）领导的。创办于 1912 年的哥伦比亚新闻学院现今必须要为自己的存在辩护，尽管它的创办人（约瑟夫·普利策）是那么著名，尽管它在新闻领域享受着甚至比哈佛商学院之于商界更高的声誉，但是哥伦比亚大学的新校长李·伯令格（Lee Bollinger）却不这么认为。他最近表示，新闻学院必须进行深刻的改革，因为它的课程实在太技术化、简单化了。学生们在这里经过十个月“如何采访、报道”的简单培训后，就拿到了硕士学位，但这些技能在任何报社内都可以学到，看不出这种教育有何意义。伯令格认为，新闻学院应该更广泛地教授经济学、政治学、法律，学期也该延长，且有理由像法学院与医学院一样既在实践上具有指导意义，同时在学术本身上也有更高的追求。

之所以转述这两则例证，是因为我在现实生活中的遭遇。不久前，我所在的公司组织了一次时髦的管理训练。众所周知，有关“团队精神”“管理能力”的培训项目在最近两年如此流行，以至于所有勇于争先的公司领导者都愿意让自己的员工去感受一下“目标管理”与“有效沟通”。对我个人而言，为期两天的培训是个沮丧的经历。在种种考验人的项目面前，尽管我所在的团队中不乏聪明人，但在积分表现上却令人苦恼。

恰巧，我所在的公司又是一家报社，虽然吸引了一些来自各所著名与非著名大学新闻系的毕业生，但我们却最终发现某些熟记“5W”原则的“新生力量们”不会正常写作，除了熟知的采访要素外根本不知道该问采访对象什么问题。

对于商学院，我缺乏发言权。但是，我相信短期的管理培训除了像少年夏令营一样有一点可玩性外，不具有任何管理意义上的价值。你可以学些财会、心理学、流程上的基本常识，用英语熟练说出“核心价值”（core value）、“战略管理”（strategy management）。但是，一个管理者的核心职责是决策，需要宽阔的知识背景与至关重要的直觉，这一点在企业的危机时刻尤其重要。

在新闻领域内，我的话可能稍微多一点可信度。今日英国最著名的记者克里斯托夫·希金斯（Christopher Hitchens）在加州大学伯克利分校的新闻学院说，当今的新闻丢失了文学能力，早期的新闻记者从查尔斯·狄更斯（Charles Dickens）等作家那里吸取养分，新闻报道是文学的一个分支。的确，一个不争的事实是，对新闻业影响巨大的常常是非正规的新闻人：亨利·鲁斯是一个知识分子与准传教士；吉普林（Rudyard Kipling）与海明威的记者经历鼓舞了后来的年轻人加入这个行列：彼得·德鲁克年轻时是个社论作家，并终生保持着与媒体的热切联系。新闻缺乏独立成为一个行业的能力，必须不断借鉴其他领域。我们可能看到一个只懂物理的物理学家成为一名杰出的物理学家，却不可能看到一个只懂新闻知识的记者成为一名伟大的记者。事实上，记者需要成为一名准知识分子。

困扰我们中国同行的最主要问题，并非在于严格的政治纪律，或是采访技能的贫乏，而是他们还没有学会严肃地看待自己的职业。一个人首先要成为有尊严、有趣味、有眼光的个体，才可能成为一名好记者。当然，这个要求适用于所有职业。

回到开头，哈佛商学院与哥伦比亚大学新闻学院面临的指责，并非是要全然否认它们在技术培训上的非凡贡献，而是对技术环节的深层基础提出更高的要求。这种要求，对于转型期的中国更显珍贵。那些总是沉迷于技术性改革的行业是不会具备长久生命力的。而对于正在建立自己的商业传统与新闻传统的中国同行来说，及早打下更深厚的基础是十分重要的。不过，必须承认，我的要求实在太过分了。

访问的艺术

1956 年夏天，艾森豪威尔心脏病发作，他的私人医生保罗 · 怀特（Paul Dudley White）将在参议院委员会上就总统的身体状况接受质询。那天早晨，几乎整个华盛顿的记者都集结在参议院门口，渴望从他的嘴里探出一丝半点风声。结果，当记者们拥向怀特乘坐的出租车时，《纽约时报》华盛顿分社社长詹姆斯 · 莱斯顿与怀特一起走了出来。

这是典型的莱斯顿风格，在二十世纪五六十年代的华盛顿新闻界，他是最耀眼的明星，似乎永远知道如何接近核心人物，如何将捕风捉影的消息演变成实实在在的大新闻。他精通心理学，在获得一点点消息之后，便会直接打电话给消息来源处，在假装知道更多消息的情况下，让对方信以为真，开始透露更多信息。

除了敏锐的直觉，莱斯顿深信成为杰出记者的关键是懂得如何赢得对方的信任。作为一个典型的纽约时报人，莱斯顿严肃却亲切，令人尊敬。在名利场遍布的华盛顿，他告诫自己的年轻下属不要混淆记者与官员间的界限，努力一丝不苟地工作是最重要的。而他自己每次去白宫时，都会带上铅笔和笔记本。在 20 世纪 50 年代，美国政府高级官员心目中虽然习惯认定新闻记者是“没有教养的低级粗俗之辈”，但却视气质高雅、认真严肃的莱斯顿为“必须被尊重”的人，常常希望他是第一个获知消息的人。

鲍伯 · 伍得沃德没有莱斯顿的天才与直觉，但他可能比莱斯顿更敬业。这个外表诚实、憨厚的小伙子显得有些过于沉稳，甚至笨拙。在跟踪发生在水门饭店民主党总部的行窃案之前，他一直在为一些不引人注目的小事件而奔忙，常常很晚才回到《华盛顿邮报》的办公室，忙上一阵后，再出去溜达一会儿，顺便采访一下只有深夜才能方便采访的夜间建筑工人。

在与搭档卡尔 · 伯恩斯坦追踪“水门事件”那段漫长而艰辛的过程中，穿着整齐的伍得沃德通过自己的诚恳，常常能使迟疑的受访问者愿意坐下来谈一谈，在整个水门事件调查中扮演神秘角色的“深喉”似乎也极愿意相信这个耶鲁毕业生。而伯恩斯坦则是一位卓越的幻想者，大胆地将情节断片拼凑成完整的画面，勇敢地给大人物打电话，甚至激怒他们，然后获得偶尔泄露出的情节。

在已经变成传奇的“水门事件”调查案背后，是大量极其乏味的工作。两个年轻记者常常拜访十个人，才能找到一两个愿意开口讲话的。在将近两年的时间里，他们常常孤军奋战，为自己的报道登在不显眼的位置而心生疑虑——“读者会不会忘记我们的调查？”他们是默默无闻之辈，这使得两人的采访很难引起注意，也没人与他们争抢，但结果却是，他们创造了新闻史上最大的奇迹。

几乎所有杰出的新闻工作者都告诫后来者，永远不要将自己放在舞台的中央，不要做一个多嘴多舌、自作聪明的发言者，招致被采访者的反感，而是应该成为一个良好的倾听者。但是，奥丽亚娜·法拉奇（Oriana Fallaci）却固执地将自己放在聚光灯下，深信规则只为庸常之辈而定，而她自己也从不是一个记者，只是恰好从事新闻的伟大作家与演员。她的个人魅力除了偶尔碰壁外，几乎所向披靡地征服了大部分的采访对象。

在二十多岁时，年轻却经验丰富、善于驾驭华丽文体的法拉奇被《欧洲人》(*L' Europeo*) 杂志派往美国采访好莱坞明星。这名佛罗伦萨姑娘几乎立刻以极具个人色彩的报道将自己推到了台前。她本人的个性展示是如此抢眼，以至于常常使报道退居第二位。在回忆这些经历时，法拉奇声称，这些聪明的明星看出她是与众不同的。“他们看出我有天才，知道总有一天我会成为我——奥丽亚娜 · 法拉奇。就这样，他们不仅同意见我，还和我成了朋友。”意大利读者似乎根本不关心玛丽莲 · 梦露（Marilyn Monroe）如何，反而更关心令他们骄傲的法拉奇接下来要做什么。

没人能够回避她的魅力，她深信这一点，这不仅因为她的天赋，也同样因为她偏执狂式的工作热情。她总是在说 :“我总是冲动地感到必须做点事，仿佛我第二天就要死去。我从来不曾放慢脚步。”在她最富神话色彩的世界政治名人系列采访中，已经不再年轻的法拉奇似乎根本未考虑过危险与困难，阅读了关于他们的一切资料，不断地给他们发传真，催促他们接受自己的采访。

1982 年，以色列的强权人物、当时的国防部部长沙龙（Ariel Sharon）被法拉奇激进、大胆的提问风格刺激得极度兴奋，采访后甚至对法拉奇说："您不好对付，极难对付。但是我喜欢这次不平静的采访，因为您是一位勇敢、忠诚和能干的女人。从来没有一个人像您这样带着这么多资料来采访我，没有一个人能像您这样只为一次采访而甘冒枪林弹雨。"而亨利·基辛格（Henry Kissinger）在接受她的采访时竟然坦白承认自己有虚荣心，因为法拉奇已经采访了那么多元首，他自己也渴望在她建造的领袖万神殿里占据一席之地。

但是，试图学习法拉奇的年轻记者只会面临失败，因为除非你生来就是法拉奇，否则你永远也成不了她。法拉奇可以在大声怒斥卡扎菲（Muammar Gaddafi）时，依旧将采访进行下去。她有一种来自一个不可测世界的智慧与魅力，事实上，她根本不能算是一个记者，而是一个偏执狂式的精灵。莱斯顿与伍得沃德倒是可以被我们学习，因为他们的智商虽然很高，却并非高不可攀，他们虽然执着却也同时保持着理性，他们恪守人类一些基本的尊贵传统——诚恳、孜孜以求、分寸感，但更精通与人相处的艺术。

如果你认为这几位与你仍旧距离遥远，你可以学习诺曼·珀尔斯坦。这位《华尔街日报》前总编尽管创造了《华尔街日报》历史上写作的黄金时代，但在年轻时不喜欢写作，所以就设法和当地企业的管理者搞好关系（他当时是该报驻底特律记者），和他们一起喝啤酒、吃烤肉、胡说八道。他的体重因此增加了二十七磅，但是他变得对业界新闻无所不知。而且，他凑巧还成了克莱斯勒公司总裁艾柯卡女儿的法语补习老师，所以艾柯卡也几乎没法不回答他的问题。

每个记者都幻想自己能够成为与总统、企业领袖、权威人士平起平坐、自由交谈的人物，希望自己打一个电话就可以接通最核心人物。这是一个艰苦的过程，而且一点也没有喜剧色彩。首先，你必须为全世界最权威的媒体工作。如果你在美国供职于《纽约时报》《华盛顿邮报》《华尔街日报》《时代》，在英国服务于《金融时报》（*The Financial Times*）、《泰晤士报》、BBC，在德国你是《明镜》（*Der Spiegel*）周刊、《世界报》（*Die Welt*）的高级编辑，那么一般情况下，你的采访对象（只要没到最高级别）会乐于接受你的访问。在肯尼迪时代最重视的声音是《时代》，这位喜欢表现自己的总统在每周都会接见该杂志的记者，并称之为“《时代》时间”。如果你想更进一步，就必须让自己更沉稳、更努力、更诚恳，不仅要有一点天才，还要有运气，或是碰巧你的长相值得信任，或是声音动听，或是你的父亲是位资深人士，都常常会起到决定性作用，偶然性是不容忽略的……当然，只要你是一名不同凡响的伟大天才，其他一切要素就微不足道了，你必然会脱颖而出。

教堂与国家之争

《纽约时报》发行人阿瑟·苏兹伯格想在该报的言论版上发言。于是，他非常客气地给总编辑罗森涛留了一张便条，询问他这样的文章是否值得发表，并声明采用与否全凭编辑的意见。作为这家有着一百多年历史、能够影响总统选举与政府撤军的报纸的最高决策人，苏兹伯格深知不容干涉的编辑权是确保该报获得长远发展的基础。所以，该报在挑选每一位总编辑时都表现出异乎寻常的小心翼翼。一旦决定，总编辑的权威与意志便不容挑战，可以定夺报纸上的每一个细节。

阿瑟·苏兹伯格遵循的是新闻界长期以来的游戏规则——编辑权与经营权截然分开。亨利·鲁斯用“教堂与国家”来形容这一规则。20 世纪 40 年代以后，为了解决时代—生活集团因规模迅速扩张而产生的管理混乱问题，鲁斯设立了发行人与主编制。对于集团内的任何一本杂志，发行人负责发行、广告等经营业务，是“国家”；而主编全权处理编辑事务，为“教堂”。两者之间隔着一堵无形却厚实的墙壁。

亨利·鲁斯认定新闻工作的首要任务是“社会责任”，其次才是利润，所以鲁斯时代的“教堂”具有至高无上的地位，而他本人也更乐于别人视他为时代公司的“总编辑”，而非什么最高行政总裁。对编辑部门的尊崇，是20世纪80年代之前美国新闻界的普遍作风，“教堂”是崇高的、精神的，而“国家”是世俗的。当时，相当多的媒体公司的最高领导都是由编辑或记者升任的。

在《华尔街日报》的改造人克拉伦斯·巴伦(Clarence W. Barron)看来，一个不懂写作的人怎么可能成为《华尔街日报》的发行人？一段或许莫须有的争吵传神地传达出当时的这种气氛。在20世纪40年代末，《华尔街日报》广告部负责人用尽心思拉来了福特公司的巨额广告，但他需要一个比较重要的版面，于是去找发行人巴尼·基尔戈尔（Bernard Kilgore），总编辑克比（Bill Kerby）恰好也在场。显然，基尔戈尔对于损害读者利益、迎合广告要求不太感兴趣，因为《华尔街日报》的主要版面是不容出卖的。克比也挖苦道："不要答应别人你自己做不了主的事。"那位负责人反驳道："是广告在付你薪水。"此时克比暴跳如雷："是记者在付我薪水，你也是一样。"

今天的记者们愿意回顾那个年代的美好时光。报纸、杂志不仅是一件商品，更有着崇高的社会使命，高品质的内容是确保媒体成功的最关键要素。在那个时代，伟大的编辑们，不管是《纽约客》的威廉·肖恩、《时尚先生》杂志的哈罗德·海斯，还是《华盛顿邮报》的本·布拉德利，都有着崇高的威望，他们对于自己的职位有着深刻的自觉意识，出版商对这些编辑也尊敬有加。寻找一位成功的记者似乎比一家广告客户要重要得多。《纽约客》的发行人弗里希曼对于威廉·肖恩尊敬得有如父辈，而对商业行为嗤之以鼻的《纽约客》在肖恩时代也确实获得了空前的商业成功。

可以肯定地说，20世纪80年代是社会风向的转型期。里根政策与华尔街投机共同创造出的浮夸风气渗透到当时社会的每一个角落。那些鲁斯时代的老一代出版人正在消失，"教堂"的崇高地位也在迅速消逝。几个关键事件印证了这一点。以空洞的时尚杂志、煽情的地方新闻起家的纽豪斯出版集团分别在 1981 年、1983 年购买了声誉卓著的兰登书屋（Random House）与《纽约客》杂志；1985 年，“坏小子”努哈斯利用推销消费品的方式成功创办了垃圾报纸《今日美国》；1989 年，时代—生活集团购并华纳兄弟公司……

《哥伦比亚新闻评论》在 1987 年说到，MBA 正在成为新闻业的新老板。这些例证恰当地说明，新闻出版业的报人传统正在瓦解，那些受商学院训练的人对报纸与杂志不再有当年鲁斯般的特殊感情，他们把出版物理解为与汽车、化妆品、洗发水毫无区别的商品，对利润、广告商、商业数字图表的关心要远远大于对编辑理想、杰出新闻作品的追逐。伴随着时代—生活集团与华纳兄弟公司的最终合并，总编辑这一曾经与公司总裁平起平坐的职位失去了往日的光彩，成了一个部门领导的代名词。一手促成这次并购的时代华纳公司 CEO 杰拉尔德·莱文（Gerald M. Levin），从来就看不起编辑工作。尽管编辑独立的传统依旧得到了表面上的尊重，但谁都清楚，世界已经改变。

20 世纪 90 年代之后，这种变化一再加剧。不管是时代集团、《洛杉矶时报》、《纽约客》等这样的老牌出版商，还是《连线》、*Fast Company* 这样的新生物，“国家”都在毫无廉耻地吞没着“教堂”的地位，编辑被要求与广告人员一样为公司创造直接利润。鲁斯时代的“一切为读者考虑”变成了“一切为广告客户考虑”，况且这个时代的读者似乎对于严肃的阅读也失去了兴趣。《哥伦比亚新闻评论》在 1998 年以《洛杉矶时报》为例刊登出封面故事“教堂与国家之争”，对新闻理想、编辑独立原则正在遭受的玷污表示惊愕。《洛杉矶时报》的负责人马克·威尔斯的看法代表了当代多数媒体经营者的看法：“有没有（教堂与国家之间）那道墙并不重要，重要的是报纸要做到公正。”然而，没有那道墙怎样做到公正？面对 IBM 公司这样的广告客户，那些不喜欢“墙”的经营者当然会压迫编辑撤销对该公司的批评文章。

今日“国家”对“教堂”的侵蚀，似乎是对几十年前编辑记者们藐视广告发行人员的一次“反动”。但从 20 世纪 80 年代至今，热衷于谈论利润的媒体经营者似乎也正逐渐意识到，报纸、杂志这样的出版物毕竟与肥皂不同，它们蕴含了更丰富的智慧与更人性的力量。迷信调查与发行数据的纽豪斯终究未能经营好兰登书屋与《纽约客》杂志。那些专为迎合广告商而存在的新经济杂志也厄运连连。但是，“教堂”与“国家”间的裂痕已经不可修复，双方都指责对方的无知与无能。就像AOL与时代华纳合并之后，笃信技术的AOL人将杂志编辑、音乐家视作软弱无力的鼻涕虫，而《时代》的编辑们则傲慢地藐视着这群不懂莎士比亚、不穿高级西装的暴发户……

对于一直就缺乏规范的中国媒体界来说，谈论“教堂”与“国家”之分过于奢侈，它们面临着更直接、更棘手的困难。但我的确想通过介绍别人的经验来为正在急剧升温的中国媒体提供某种参照。前些年那些急匆匆奔向“dot-com”的传媒人与投资者，如今似乎全都在谈论杂志、报纸出版。网站建设计划书改换格式，变成杂志创刊或改版的说明书。

这些计划书中充斥着有关市场调查、光辉前景的内容，最重要的当然是财政预算。没有人主动谈及核心编辑的组成，没有人说到如何确立编辑独立原则。投资者与媒体人都迫不及待地在谈论市场推广，然而却很少有人说“我们应该先编辑出一本伟大的杂志”。

尽管前面不断提及美国媒体的编辑权所受的威胁，但我也必须承认，长期的“教堂”与“国家”传统，使得主要媒体的编辑们在自己的区域里仍享有不容侵犯的权力。时代出版集团总编辑诺曼·珀尔斯坦在职责说明中强调，自己的职责就是确保其控制下的二十四本杂志能够公正客观地报道，能够赢得读者的尊敬，不管是否触及自己集团的利益，不管这些杂志是否会批评其母公司的领导杰拉尔德·莱文。

而对于从未有此传统的中国媒体来说，倡导独立的编辑权是其走向成熟的基准。遗憾的是，不管是投资人还是编辑自己，都尚未意识到这一点。报业巨子威廉·赫斯特在选择投资项目时，最关注的不是该项目的前景，而是是否有适合该项目的天才人物。他会因为一位天才编辑的出现而投资一本杂志。而一旦决定投资，就会对该人选极度信任，并提供最大的支持。

经营报纸与杂志是一项依靠天才与耐心共同作用的事业。亨利·鲁斯相信这一点，所以他会不遗余力地寻找天才记者，给他们最好的薪水与最大的自由，他会容忍《体育画报》长达七年不盈利；阿瑟·苏兹伯格也这样认为，他说："我既然认定罗森涛是最好的总编辑，那么就没有权力干涉他的工作，只有这样，《纽约时报》才能永远站在公正这一边。"诺曼·珀尔斯坦也持同样的观点，他认为，《时代》杂志只有拥有批评任何人的自由，才能够确保它未来的成功。

我希望中国的媒体投资人拥有阿瑟·苏兹伯格的心

胸与赫斯特的耐心，更希望中国媒体人士能够拥有清醒的自我认知。“教堂”与“国家”之间的冲突本质上是不可协调的，但希望它们的力量能够均衡起来。AOL的那些技术官僚本能地认为“内容人”（contentmen）是一些软弱且易于伤感的家伙，他们没有实力。我无须深入分析这种藐视背后蕴含的两种文化的冲突，但有一点的确正确，站在人文传统这一阵营的人确实未能在这个时代表现出他们的内心力量。

回到中国媒体，这一现象更加明显。我们的媒体长期以来被懒惰、受贿、不负责任这样的指责包围着，缺乏基本职业训练的编辑记者从未建立起该行业的声誉。那些略会将文字组织完整的人进入了报纸、杂志、电视、网络，新闻从业者应肩负的公正陈述事实的社会使命感缺席了。公众似乎也从未有意识地将媒体人视作是一个独立群体，反而认为他们是失败的专业作家，是会写字但缺乏职业精神的白领。

这些媒体人在与投资者合作时，本能地式微。他们和投资者一起大谈财务框架、市场反馈，却只字不提诸如我的编辑理想是什么、我们需要怎样的支持、杰出的记者与优秀的市场推广至少同样重要等问题。当然，这样的媒体从业者在缺乏职业化新闻训练的中国的确非常稀缺，他们对中国媒体的成熟有着至关重要的作用。在一个体制不健全的年代，主编的个人气质会成为一本杂志或一份报纸风格的决定性因素。

胡舒立与《财经》杂志为这种观点提供了漂亮的中国注解。作为中国最优秀的财经记者，胡舒立利用自身的光环，让这本年轻的杂志迅速崛起。纯正的西方新闻训练以及锋芒毕露、坚硬的胡舒立性格造就了《财经》的性格。《财经》的出现与成熟是令人惊喜的，它印证了西方新闻业的一些基本准则在中国同样适用：对于编辑独立原则的尊重（该杂志曾几次拒绝高额软性广告）、明星记者制、对新闻报道客观公正性的强调、新闻从业者的敬业态度、编辑的精英意识……

倡导编辑独立原则、建立现代编辑制度是日趋成熟的中国媒体的必由之路。野心勃勃的投资者与媒体编辑喊出了诸如“我们要做中国的《财富》、中国的《新闻周刊》、中国的《华尔街日报》、中国的《福布斯》”之类的口号，就必须直视“教堂与国家”的问题，承认编辑记者的天才智慧对于媒体的绝对重要性。当然，还有坚韧。媒体不适合目光短浅的投机者与对自我理想缺乏信心的编辑人来参与，因为媒体要求从业者相信自己的梦想，相信自己与众不同，相信新闻理想的高贵性……

与公众保持距离

我们就要进入的时代，千真万确将是一个群体的时代。

——古斯塔夫·勒庞（Gustave Le Bon），

《乌合之众》（*The Crowd*）

最终，美国纽约市前市长鲁道夫·朱利安尼（Rudolph Giuliani）成了《时代》2001年度风云人物，而不是乌萨马·本·拉登（Osama bin Laden）。很显然，在尊重客观与讨好公众之间，《时代》的编辑踌躇再三，最终选择了后者。在2001年12月6日CNN的民意调查中，84%的被访问者反对将这个称呼给予拉登，当然，他们唯一的威胁也就是“不再订阅”这本杂志。

用“背弃客观事实”来批评《时代》并未切中要害，因为自从这本杂志在1923年创刊起，亨利·鲁斯就没打算让它成为客观报道的媒介。《时代》是新闻传统最伟大的叛徒之一，因为它打破了新闻媒体将新闻事实与评论区分的传统，亨利·鲁斯要求他的编辑们将自己的观点注入新闻报道中，并用一种俏皮而拗口的方式表达出来。《时代》最终成为亨利·鲁斯思想的延伸，成为宣传机器与新闻作品惊人巧妙的结合，但同时也带有必然的狭隘性与偏见。

但是，又有谁不带有偏见呢？亨利·鲁斯反驳那些所谓的“客观”要求：“你可以给我一千条事实，我依然可以编造出一条谎言。”他知道不同“偏见”之间是有巨大差异的，天才的“偏见”可能也意味着某种远见，但他没有必要讨好庸众的“偏见”。鲁斯对于极权主义有着别人没有的“偏见”，所以在德国入侵波兰前一年，在欧洲世界普遍实行绥靖主义政策时，他选择了希特勒作为《时代》年度人物，认为此人可能会给民主世界带来可怕的灾难。鲁斯还在1941年与1943年选择斯大林作为封面人物，因为他的统治正在深刻影响着世界。报道令人不愉快的危险，是避免危险扩散的有效手段。亨利·鲁斯的偏见还使他于1941年在《生活》杂志上发表了“美国世纪”一文，呼吁美国人走出孤立主义传统，将自己的价值观带向全世界。

亨利·鲁斯崛起的过程，也正是美国成长为超级大国的过程。从内心深处，鲁斯始终将自己作为政治人物看待，而他的好奇心则使他几乎像个知识分子。最终，《时代》虽然获得了空前的影响力，但在20世纪五六十年代也变成了权力、傲慢与偏见的象征（在1967年亨利鲁斯去世后，《时代》的气质开始转变）。亨利·鲁斯似乎从不考虑读者的意见，而是倾向于认为，杂志提供什么，他们就应该读什么，杂志应该反映他这位“国王”的意见，而“国王”显然比读者站得更高，看得更远。

今天《时代》的令人失望之处正是，它将“精英式的长远偏见”让位给了“公众的短视偏见”，暗示着这本杂志在历史的转折点未能把握住上升的浪潮。古斯塔夫·庞勒在1895年出版的《乌合之众》中写道，当大众聚集在一起时，他们的理智就会降到最低，一种夸张而简单化的情感成为判断的基础。

美国公众对于本·拉登的激愤情绪令人理解，但这不应该妨碍领袖性杂志《时代》对于世界做出冷静的判断。公众热爱朱利安尼，因为这个五十七岁的男人在最为混乱的时刻挺身而出，为公众提供了希望。可是人们却不愿意去分析是什么制造了混乱，我们该如何避免再次陷入混乱。

《时代》的成功，是因为亨利·鲁斯将全国眼光与世界眼光带入这本杂志，在此之前，美国的媒体主要是地区性的。《时代》的读者通过它了解中国的内战、印度的独立、墨索里尼的独裁还有斯大林令人畏惧的国内统治，尽管充满了鲁斯强烈的个人偏见，但却把握了时代的潮流。

作为历史转折点之一的“9·11”事件，暗示了一个更加紧密的全球化时代的到来——不仅经济已经全球化，政治、恐怖、暴力、毒品、文化也同样在全球化。本·拉登无疑是这股新浪潮中关键的标志性人物，他的邪恶彰显了新时代的巨大矛盾与冲突，而《时代》却将自己放在了“抚慰伤口”而非“迎接挑战”的位置上。

1979 年，当《时代》将伊斯兰宗教复兴运动领袖霍梅尼（Ruhollah Khomeini）评选为“年度人物”时，数千名美国人撤销了订单，他们觉得自己的情感受到了伤害。但事实证明，尽管霍梅尼令西方国家极不愉快，但一直到 1989 年去世，他始终都是世界最活跃的政治领导人之一，预示了伊斯兰世界的新潮流。

在十年后（甚至一年后），我们该如何评价亲爱的朱利安尼呢？不错，他令人尊敬，但是他的确没有影响世界，他让《时代》的读者心情舒畅，却未能提醒他们审视现实环境的危险与真实性。

亨利·鲁斯一生恪守的原则是，“将杂志视作教育公众而非取悦公众的工具”。在世时，他拒绝进入影视业，因为“这会麻痹人们的神经”，如果一定要进入，他宁可选择赛马与赛狗。亨利·鲁斯也不相信所谓的市场驱动力与读者调查，他觉得只要坚持下去，读者就会买账。别人说他把一种尺码的鞋子给所有人穿，但他却最终获得空前的成功，因为他提供的尺码的确比别人都大。

沃尔特·李普曼的朋友曾用音乐理论来形容报纸：钢琴有八个高八度音程，小提琴有三个高八度音程，短号只有两个高八度音程，军号则只有四个音节，而报纸的社论正是一支军号。李普曼反唇相讥道：“你可能是对的。可是，我不想一辈子写军号谱。”李普曼的一生都在报纸上谱写钢琴曲，并且获得了令人惊叹的成功。

这是一个媒体无所不包的时代，公众通过媒体来理解与触摸生存的世界，所以媒体不仅需要人们习惯的军号，更需要让他们知道还有钢琴曲的存在。对于《时代》这样的领导性杂志来说，尤其如此。

取悦他人的危险

没人比法国人蒙田（Michel de Montaigne）更会嘲弄人性的弱点。在三卷本的散文中，他讲述了骄傲、狭隘、得意忘形、怯懦等种种人性弱点，指出这些弱点在伟人与平民中同样流行。人们总是容易被肤浅的情感所诱惑，借此来抗拒“无所依从”的内心，“取悦他人的欲望”是其最明显的特征之一。普通的政治家热衷民意，因为他们缺乏主观的判断力，更愿意受公众摆布；商业精英喜欢机构排名或是麦肯锡这样咨询机构的评估，因为他们不清楚自己追逐的目标是什么；很少有作家反感读者，但真正的作家藐视读者；即使最普通的人，也喜欢购买诸如“如何使他人欢欣”“如何讨上司喜欢”之类令人乏味的心灵鸡汤……

作为记载时代风尚的媒体，更容易沦为这种愿望的牺牲品。我听过太多关于如何“取悦市场”的计划，仿佛一个成熟媒体人唯一要考虑的就是市场调查。这是他们很专业的表现，对自己的意识毫无信心，只寄望于漏洞百出的调查问卷或是庸常的惯性意见，并拼命让自己变成读者中的一员；接着，他们开始努力让报道对象喜欢，渴望成为柳传志与刘永行们的朋友。于是，在广告与舆论倾向的彼此交换下，双方可能达成暂时的默契，而在这种默契之下，正常的判断力开始退隐……

四十二岁的苏西·韦特劳夫（Suzy Wetlaufer），聪明智慧、魅力四射，是久负盛名的《哈佛商业评论》主编，但她的弱点与杰出同样突出。她或许太自满于与杰克·韦尔奇（Jack Welch）达成的共识了，毕竟，讨全世界最著名的商业领袖喜欢并不是每个人都能做的。在前一年完成了一篇对韦尔奇的专访后，她过于开放地四处讲述了他们之间可能的浪漫因素。但她没有招致羡慕，反而让手下的高级编辑愤怒无比，因为谁都清楚，当一个人心怀爱慕而非用谨慎的观察视角去采访与写作时，内容的公正性就要大打折扣。发表于2002年2月的关于杰克·韦尔奇的文章是另外两名编辑的重新采访之作。这场“小小”的事故后来被《华尔街日报》

披露出来,变成了一桩颇具“闲谈”色彩的新闻。首先,它涉及了世界上最著名的两家机构——《哈佛商业评论》和通用电气公司,而当事人又无一不具有明星效应,这迫使杰克·韦尔奇的发言人出来澄清说,他们只是正常的朋友关系。最终,苏西·韦特劳夫被迫辞职,她在辞职信中告诉员工:“毫无疑问,最近的争论已经使很多工作人员失去了对这家机构的信心。”

在苏西·韦特劳夫事件进行时,《哥伦比亚新闻评论》重新检点了媒体在安然事件前前后后的表现。这家杂志不无嘲讽地说,安然拥有许多同谋者,包括《华尔街日报》《商业周刊》这样的权威商业媒体,毫无原则地鼓吹安然公司的独创性。其实早在2000年9月20日,一家小杂志《德州月刊》(*Texas Monthly*)就发表了一篇关于安然可疑会计制度的文章,甚至到了2001年3月,《财富》杂志还发出了“安然是否被高估”的质疑,但这些零星疑问都被淹没在啦啦队的助威声中。在整个20世纪90年代,尤其是“dot-com”风潮开始的1995年后,从证券分析机构、媒体到上市公司间的界限被严重消噬。人们搞不清楚玛丽·米克尔(Mary Meeker)到底是摩根·斯坦利的独立分析师,还是受雇于雅虎或是亚马逊;你也弄不懂《行业标准》(*The Industry*

Standard）和它的报道对象（也是广告客户）是怎样的互助关系……还有那些以严肃著称的权威媒体，不也放下自己板着的面孔，成为追星族中的一员了吗？它们需要讨那些完全被繁荣冲昏头脑的公众的喜欢，大家都在谈论二十五岁的“dot-com”亿万富翁，所有人都相信IPO（Initial Public Offerings，首次公开募股）的魔力，相信我们将迎来一个前所未有的创新年代。面对这种热潮，你敢提出质疑吗？这令人想起那则古老的笑话：如果打不过他们，就加入他们。

安然公司无疑反映出“dot-com”的后遗症。既然所有人都相信它是一家具有“伟大创新精神与能力”的公司，那么我们就为它喝彩吧。然而，最终这种喝彩酿成了恐怖灾难。

对于世界的一种常识性看法是：我们的社会由各种不同部分组成，它们之间有着清晰的界限，彼此制约与帮助。但每当其中一部分过于强盛，或是彼此间界限开始模糊时，灾难就会出现。那些卷入苏西·韦特劳夫事件与安然事件的媒体，既不是商业领袖中的一员，也非公众，但却忘记了自己的双脚应该站的位置，而这个位置恰恰会决定它们头脑中的判断方向。这个简单的道理对于所有行业的人员都适用，不管是政治家、经济学家，还是人文知识分子，或是群氓阶层（当然，他们不会思考，他们的任务只是盲从），忘记自己的职责与僭越职责同样不可原谅。

当然，我又要重新提到蒙田，因为这个世界上没人能够做到始终清醒，人总是要犯错误，总是不由自主地想讨别人喜欢，或屈从于外界压力。那么，我只能将范围限制在更小的人群范围内，假定这些人试图变得不同凡响，比如说你想在中国创造一份伟大的商业报纸（并非依据收入来衡量），那么你就一定要牢记，你不是柳传志们的亲密朋友（永远也不该是），你也不要被一些读者或同行意见弄得心神不宁，而是要时刻记住自己最初的目标，遵守一些最浅显的准则——公正、诚实、勤奋、自省，然后像一只倔强的穿山甲一样头也不回地向前走，虽然这样做不能保证你一定会成功，但至少能保证你会赢得尊敬。

如何管理新闻业

大约两年前，我在上海碰到了《纽约时报》专栏作家比尔·凯勒，那时他刚刚在争夺《纽约时报》执行总编辑的斗争中落败。尽管他拥有当时的执行总编辑约瑟夫·李维勒的支持，但他的竞争者豪威尔·瑞恩斯却得到了发行人小苏兹伯格的格外垂青。作为世界上最富权势的新闻职位，这场人事纷争吸引了众多人的关注。在《纽约时报》内部，瑞恩斯以雄心勃勃著称，自 1993 年以来，他主导的《纽约时报》社论版一直呈现出咄咄逼人的姿态，这种姿态在某种程度上正吻合了 1991 年成为发行人的小苏兹伯格革新这份拥有一百五十年历史的报纸的愿望。

比尔·凯勒看起来相当温和，这一点很像李维勒。

那是2001年10月，也正是瑞恩斯最为繁忙的时刻，“9·11”事件充分考验了这位刚刚上任的领导者，他指挥着超过千人的全球最精英的新闻团队，完成了美国历史上最危急时刻的报道。没人怀疑在那个迷惘时刻瑞恩斯表现出的卓越领导力，当几个月后普利策新闻奖颁发时，瑞恩斯无疑是全世界最令人尊敬的新闻人，《纽约时报》也赢得了七项大奖。

但外部的观察者很难在这种辉煌中发现危机，即使在杰森·布莱尔（Jayson Blair）事件发生后，《纽约时报》北京分社社长埃瑞克·埃克霍姆（Erik Eckholm）仍告诉我，瑞恩斯的领导能力令人瞩目，尤其是在人人恐慌时，他尤其会坚定地告诉别人，该做什么，怎么做，只不过“有一点像独裁者”。在瑞恩斯最终辞职后，越来越多的《纽约时报》员工开始站出来指责这位领导者的独断专行，他在《纽约时报》内部制造过分紧张的气氛，逼迫员工之间展开过分激烈的竞争，还以员工是否忠诚自己而进行领导。总之，他像极了历史课本里那些聪颖过人却残忍的暴君，有着极为糟糕的管理风格。我们对于人物的评价总是在天平的两端摇摆，要么无限光荣，要么满是缺陷。于是，罗森涛——20世纪七八十年代主掌《纽约时报》的前任总编辑，站出来为瑞恩斯辩护，他说："如果一位刚刚上任的总编辑能够带领一份报纸在'9 · 11'这样的突发事件中获得七项荣誉，而他还会被形容为糟糕管理者的话，那么这一案例可以去申请专利了。"

"他当然会为瑞恩斯辩护。"杰出的管理学家沃伦·本尼斯（Warren Bennis）在 8 月号的 *Fast Company* 杂志上写道，罗森涛实际上是在为自己辩护，因为他也采取过同样的管理模式，作为一个组织的领导人，依靠恐惧与忠诚来统治。在身居高位的年代，罗森涛在《纽约时报》内几乎没有亲密的朋友，总是高高在上，很少与下属分享自己的喜悦与焦虑。他在时报内制造的气氛是："谁忠诚于我，谁又是我的敌人。"他曾经竟对一位因娶了富裕妻子而离职的记者说："如果你结婚，你就不再属于新闻业了。"

没人质疑罗森涛通过二十年的努力完成了《纽约时报》的转型，让它由一份完全新闻化的报纸，转变为更加全面与杂志化的报纸，并增加了软性报道与深度新闻的比重。但奇怪的是，很少有人真正怀念他。在辞去总编辑之职后，罗森涛成为一名拙劣的专栏作家，就像他的思维方式一样，他的作品总是被一种意识形态化的东西包围着。"至少，他对于中国的评论表现出全然的不理解，他也不想理解这个国家到底在发生什么。”埃克霍姆说。

罗森涛的方式被接受，在很大程度上，仍要归功于他所处的时代。在20世纪50年代达到巅峰的官僚式管理模式，在七八十年代，虽日益衰落，却仍未失去其合法性。但在“个人主义精神”已变成公司精神的最重要部分、奴仆般的忠诚让位于“一个高级经理人随时跳来跳去”的年代里，依靠压制与恐惧来进行统治已不得人心。

瑞恩斯应该为《纽约时报》一百五十多年历史上最大的一次危机负全责吗？是的，他的个性，他的过分偏执，是这场危机的导火线。正如一些《纽约时报》记者所说，在瑞恩斯眼中，任何人都不过是一枚棋子，他不会尊重员工的个人感受，即使你是普利策奖得主，你需要自由的思考空间，他也不会给你特别优待。瑞恩斯希望每个人都按照他的要求冲到事件最前线。他迷恋着彻底的行动主义，主动放弃了《纽约时报》长期以来凡事深思熟虑的知识分子风格，一心追逐乃至制造“大新闻”。在他的坐标系内，喧闹的注意力比冷静的思考更值得奖赏。在一定程度上，他有点像一百年前的赫斯特，如果需要，他可以制造新闻。

往往就是这样，当一个人顺利时，人会给予他所有的荣耀，当他遭遇坎坷时，却将他看作一无是处。杰森·布莱尔事件发生之前与之后的瑞恩斯并没有明显区别，但这之后，尽管没人否定他的确才华出众，大批《纽约时报》人还是开始出面指责他的独断专行。当我们从另一种角度来观察时，你会说他是一位真正的革新者，他想打破《纽约时报》长期以来的规范，任用年轻人，为《纽约时报》注入活力。曾长期为《纽约时报》工作的大卫·马格里克（David Margolick）在《名利场》杂志上说，自己在与瑞恩斯共进午餐时，被他的远见所激励，并期待再次相见。

比起他的几位前任，瑞恩斯更雄心勃勃，但也更缺少学究气，更有魄力来打破传统。他的突出个性使得他如此与众不同。《纽约时报》的一百五十年历史及崇高威望常常使在其中工作的人员黯然失色，一位《纽约时报》的总编辑出没在时代广场时，没人会知道他是谁，尽管他肯定是世界上最有权势的人之一。但瑞恩斯却试图打破这一切。他喜欢向大众明确表达自己的见解，与名流们共同出现在公共场合。如果你目睹了 2003 年 4 月瑞恩斯的婚礼，你肯定会认为，他绝对是世界上最有光彩的记者，从电视主播汤姆·布罗考（Tom Brokaw）到纽约前市长迈克·布隆伯格（Michael Bloomberg），纽约的明星们几乎全都前来祝贺。

“像克林顿一样，瑞恩斯总是被一种不安全感包围。”一位时报人这样评价他过去的上司。来自美国南部小城、没有名校背景的瑞恩斯，是一位典型的行动者，而非思考者。这种不安全感，催促他与那些拥有个人主见、才华出众的《纽约时报》资深人士展开角逐，正如他在与《纽约时报》华盛顿分社社长争吵时，总是怀疑后者对他缺乏尊重。

这场事件像是一场悲剧，从 2001 年 9 月至 2003 年 6 月，在短短二十一个月的时间里，瑞恩斯从高峰跌落至谷底。大卫·马格里克多少有些不平地说，这场危机本可以安然度过的，布莱尔事件不足以促使瑞恩斯下台，因为在《纽约时报》历史上，类似的重大失误一直都存在，比如《纽约时报》曾为斯大林辩护过，对犹太人被屠杀事件视而不见，还错过了“水门事件”；在 20 世纪 90 年代初，甚至失误刊载了一名被肯尼迪家族成员强奸的妇女的名字……但没有哪位在任总编辑因此而被迫辞职。

有很多原因可以解释瑞恩斯悲剧性的结果，但至关重要的不是外界舆论压力，而是报社内部的压倒性反对。几乎是在萨达姆铜像被推倒的同时，瑞恩斯遭遇到了《纽约时报》员工前所未有的反对。除去他过分张扬与冷酷的性格外，一位《纽约时报》的资深记者对《华尔街日报》记者说，这更是一种体制性的问题。长期以来，《纽约时报》最高权力机构拥有着绝对权限，几乎不受控制，总编辑只与关系最近的几个人打交道，人们不知道怎样将真相传达给他们。这绝非是瑞恩斯二十一个月任期内的特有现象，但只有他遭受到了如此大的打击。他的前任李维勒，尽管拥有知识分子式的冷漠，却知道通过在圣诞晚会上扮演圣诞老人这类行为为权力增加人情味。

“瑞恩斯只是集中体现了《纽约时报》管理问题的脆弱性。”一位名叫伊万·詹金斯（Evan Jenkins）的《纽约时报》老编辑在《哥伦比亚新闻评论》上写道。自20世纪50年代以来，《纽约时报》就是一份被编辑牢牢控制在手中的报纸。记者提供素材与原始写作，然后编辑随意修改，这也是美国新闻业在过去一个世纪中遵循的普遍模式，而《时代》的创始人亨利·鲁斯则将其发挥到了极致。新闻业成为亨利·福特大规模流水线生产的受益人和受害者，那些才华横溢的记者，常常发现自己的个性备受压抑，被迫沦为平庸编辑的牺牲品。

在福特思想已经逐渐被抛弃、统一格式让位于更富个性的产品的年代，新闻业的管理风格是否也已经发生转变？《华尔街日报》最知名的专栏作家罗伯特·巴特利（Robert Leroy Bartley）在布莱尔事件发生后说，新闻业的一个时代开始了。在过去半个世纪中，与统一化新闻编辑风格一致的是，新闻媒体总是试图给自己插上一面“公正客观”的旗帜。它们冷漠地表达，排斥一切个人情感，努力使自己显得站在真相这一边，但事实上却一直被个人好恶左右，并一直拒绝承认这一点。巴特利呼吁应给评论性新闻更多的空间。记者其实需要更大的表现空间与更自由的状态，正如约翰·科特（John Kotter）对于管理世界的忠告：“这个时代，人人都应该是领导者。”

瑞恩斯用 20 世纪 50 年代新闻专制者的方式来治理已经变化了的新闻机构，这种不匹配或许是促使其下台的关键原因。新闻业如同其他最富创造性的行业一样，最重要的资产就是人才，他们的活力与个性决定着这个机构的表现，瑞恩斯刻意地忽略了这一点，同时又对一小部人过分纵容。沃伦·本尼斯在 *Fast Company* 上给新任总编辑比尔·凯勒提出了管理学上的几条忠告：第一，忘记数字游戏，不管是获得了七项还是十五项普利策奖，这都不是《纽约时报》的目的，而只是副产品，更不能在报社内部鼓励那种破坏性的竞争关系，使整个报社的气氛过分紧张；第二，对有才华的人需要赞许，瑞恩斯本应花更多的时间来鼓励那些杰出的员工；第三，新的总编辑必须打破已经形成的内部联盟，使所有人都意识到，大家都在同一条船上，为了同一个目标而努力。

如何捕捉时代风尚

20 世纪 20 年代的纽约变化惊人。在工业界，福特汽车公司正在驱动股票市场强劲增长，新生的广播与电影业让年轻人惊叹不已。文学界与艺术界正在遭遇洗刷，爵士乐令人兴奋，夜间俱乐部不断增加，百老汇是谈话的焦点。钢铁的摩天大楼暗示着新一代对于未来的无比信心，就像查尔斯 · 巴斯克威利所说的："对于年轻人，那是个无比亲密的世界，他们努力去创造、拥有快乐的生活。"

一个新时代的纽约人需要怎样的一本杂志？编辑天才哈罗德 · 罗斯敏感地意识到，当时的报纸与杂志似乎还未把握住新时代的精神，要么仍被普利策、赫斯特的煽情新闻影响，要么像《大街》中的人物一样仍沉浸于狭隘的乡镇趣味中。一个典型的例证是，在为别人编辑《判断》杂志时，他的老板经常会要求罗斯去报道类似教区扫雪的事件。罗斯知道，纽约的新青年们没有谁会对这些东西感兴趣，他们想知道百老汇的最新剧目，更想学会一些机智的俏皮话以便在夜间聚会时炫耀一番。尽管有《名利场》《美国水星》这样的竞争者，但罗斯很清楚，这些同样充满趣味的杂志却是全国性发行，无法准确地传达出纽约的韵味。

举止粗鄙的罗斯最终创造出一份趣味高雅的杂志，是因为他成功地捕捉到新一代纽约人对于幽默感的理解。对于文学艺术的领悟，这份命名为《纽约客》的杂志将笼罩于20世纪20年代的文艺气氛精妙地注入了新闻报道中。

1925年，与新生的《纽约客》在同一幢楼办公的，还有一本仅仅两岁的杂志《时代》。这本杂志创造者之一亨利·鲁斯显然看不起哈罗德·罗斯与他的《纽约客》，认为他追求有趣，却忽略了责任感。但在一点上，这位使命感异常强烈的耶鲁毕业生与乡巴佬罗斯有惊人的吻合，那就是必须把握新世代的阅读需求。

亨利·鲁斯将目光置于美国受过大学教育的一百万人，坚信这群人应该对世界了解更多，感兴趣的领域更宽阔，而且伴随教育水平的提高，这个群体还将进一步扩大。他们对于世界局势、科学发现、宗教、艺术诸多领域都会发生兴趣。在《时代》之前，大多数媒体对于新闻的了解仍局限于犯罪、工会与政治，愤怒的声讨大于了解世界的渴望。

两种表征支配了20世纪20年代的美国。物质上的极大增长，使城市化趣味最终取代了村镇式美国。就像文学批评家马尔科姆·考利回忆的，这群出生于19世纪末的年轻人，在二十多岁时发现记录着他们童年往事的乡村已经消失。纽约丰富多彩的夜生活使得家乡暗淡无光，享乐主义比起传统的清教气氛更具诱惑。追赶时髦的青年都希望用欧洲味道来掩盖美国的粗俗与贫瘠。罗斯便是这群美国青年中的典型一员。在阿尔贡金饭店里，他与当时纽约最智慧与狡黠的作家与漫画家彼此谐谑。《纽约客》杂志所追逐的正是这种摆脱了乡土与狭隘气息的幽默，甚至是世故。

国际化是20世纪20年代美国面临的另一个重大变革。经历过第一次世界大战的美国，发现自己已不再是欧洲的边缘，反而要开始领导世界了。鲁斯以极鲜明的姿态表明，《时代》正是为了满足国际化美国青年试图认识世界的欲望。由于对新闻进行分类的编写，使得读者在“半个小时内对一周国际、国内要闻有所了解”。

相比于《纽约客》，门肯的《美国水星》等诸多杂志虽然同样标榜文艺与幽默，却更多抓住的是本地乡土式谐谑，虽然可以在20世纪20年代维持成功，但伴随着其读者群的老化，最终还是失败了。

同样，赫斯特与普利策报系因煽情新闻大获成功，而将自己定位于缺乏良好教育的普通民众上。20世纪30年代初的《时代》杂志编辑部内，充斥着刚刚从耶鲁大学毕业的年轻人，鲁斯相信，只有这些没什么经验、缺乏传统负担的小伙子，才可能寻找出新闻与众不同的新角度。亨利·鲁斯看到了美国的未来中坚力量，而赫斯特却将自己置于一条不断下滑的曲线上。

倘若历史允许横向比较，鲁斯与罗斯为今日的中国媒体人提供了极富参考意义的坐标。1993年诺贝尔经济学奖得主罗伯特·福格尔（Robert Fogel）认为，1890年到1920年是美国的第三次觉醒期。城市化进程使得城市人口迅速扩张，基础建设与社会保障体系的滞后使得愤怒与不满在城市内迅速蔓延，而财富的迅速两极分化同样激起社会不公正心态，人们一面奋不顾身地追逐物质，一面又对失去了村镇式恬静生活感到万分迷惘，结果使得煽情新闻与黑幕揭发运动备受欢迎。伴随物质条件的进一步改善，越来越多的人摆脱了愤怒，而新群体普遍接受了更良好的大学教育，也使得他们比起周围环境来，更关注世界正在发生的变化，渴望更丰富的生活。

至少从外在表象来看，今日中国同样正在由城市化与国际化两种趋势驱动着。尽管遭受颇多质疑，中国的新一代城市青年正在崛起。他们缺乏传统的束缚，喜欢新兴事物，就像20世纪20年代的美国青年言必谈巴黎，今日的中国青年同样对于国际化充满兴趣。将中国的新一代群体定义为消费主义的一代，或视之为只知物质享受与文化符号，这种理解是肤浅甚至粗暴的。20世纪20年代的美国青年不仅学会了巴黎的时髦打扮与调情方式，也同样亲近了欧洲的文化传统。喜欢亨利·福特制造的T型车与迷恋广播电台，同样表明他们正在建立一种新文化形态，汽车与无线电波同样暗示了年轻的心灵对于自由与宽广世界的追逐。

城市化与国际化这两个名词的背后，蕴含着对狭隘地域观念的背叛，是一种更文明的生活方式——运用理智而非情绪、协商而非争执来解决问题。至少对北京、上海、广州、深圳这样的城市来说，变化已经发生。

但显然，正如20世纪20年代的美国媒体，今日的中国媒体人仍旧生活在惯性思维中。的确，他们曾经依靠煽情、“扒粪”、武断和庸俗的市民化获得过成功，但是他们还没有学会如何看待未来。这不仅意味着媒体人需要了解不断涌现的新事物，更需要他们本身拥有全新的心态，能够理解城市化与国际化到底意味着怎样一种视角。知道互联网、即时通信软件与邦·乔维（Bon Jovi）并不意味着你清楚地了解新一代群体，而是要知道在一切表象背后，隐藏自由竞争、人人平等、心态开放与个人主义这样的真正含义。

我不断提及新一代中国青年，并非意味人人都去投身青年市场。没人说《时代》《纽约客》是青年杂志，但他们却把握了新时代的特征，成功地繁荣了八十年，尽管他们曾经新颖的角度也最终可能陈旧。

今日的中国媒体，同样需要这种新视野，并伴随未来中国共同成长。一个愚蠢的媒体人会死守今日的市场，一个成功的媒体人则会目光远大地盯着正在上升的曲线。知道当亨利·鲁斯在1929年创办《财富》杂志时是如何设想的吗？他觉得当时的美国商人大多懒散与狭隘，缺乏社会责任感，美国需要心胸开放的新型资本家。鲁斯看到了商业必将成为未来社会的核心，所以希望《财富》能够帮助塑造一个新兴资本家群体。从本质上来讲，当时的《财富》肯定缺乏读者，因为那个群体是鲁斯凭空想象出的。但结果却是……

严肃新闻回潮，能够坚持多久？

“哦，亲爱的，战争改变了一切。”老套到令人心碎的好莱坞台词，如今变成了美国新闻界的真实写照，快去听听 CNN 的新闻主播亚伦·布朗（Aaron Brown）在说些什么吧。这之前，记者们对一条裙子上残留的精液兴致盎然，现在却对炭疽菌的分子结构了如指掌，在五角大楼的废墟上、世贸大厦的浓烟中和阿富汗战场发回着近乎稳健的看法。

维亚康姆公司（Viacom，CBS 的母公司）首席运营官梅尔·卡尔马津（Mel Karmazin），是一位长期以来背负着“为了广告销售额不择手段”这类恶名的商人，他正在广场饭店里宣讲新闻业的责任，不断引用马丁·路德·金与爱德华·默罗（Edward Murrow）的名言，当他说出“我们将遵循自己的使命”时，大厅内的NBC、ABC、CNN、FOX电视台同行们起立鼓掌——为卡尔马津，当然更为自己。

时代华纳公司的杰拉尔德·莱文开始重拾亨利·鲁斯的理想了：“时代华纳不但要为股东负责，同样也要承担社会责任。我会为旗下电视台以及所有杂志提供任何所需资源，为此我将做一切可能做的事。我已经没有兴趣去听这些花费会带来多少利润。事物已经发生了真正的改变。”在演讲结束时，他甚至补充道：“我会坚持使用‘社会责任’这个词，就像《时代》所做的那样。”一直对利润具有强烈追逐欲的《纽约时报》的发行人小阿瑟·苏兹伯格在广告收入大幅度下滑时则一再强调：“新闻质量是公司成功与否的关键。我们仍将竭尽全力为用户提供一流的新闻报道。”媒体分析家说，媒体公司为报道这场战争（指阿富汗战争）至少多花费了五亿美元，这还不包括“9·11”事件当天电视网不播出广告而损失的五亿美元。

似乎在转瞬间，所有新闻工作者都从战争报道中寻找到了自己的尊严——我们不是小报记者；媒体公司的出版商们则向公众显示自己的社会良心——责任感比利润更重要。最负盛名的色情出版业巨子拉里·弗林特先生，如今开始状告美国国防部，因为后者拒绝了《好色客》（*Hustler*）杂志派随军记者前往阿富汗采访的申请，而弗林特先生的理由是："基于长久以来对重大国际及国内问题的关注，我们杂志要全面而翔实地报道反恐怖战争。"

当沃尔特·艾萨克森成为 CNN 新任董事局主席时，这位《时代》前主编打算大面积地引入娱乐化新闻，甚至想起用演员充当新闻主播，以突显戏剧感。艾萨克森遵循了他在《时代》的成功原则——这个时代的人们不喜欢严肃地谈论政治，更需要更花哨的东西。这种潮流在 20 世纪 90 年代大行其道，媒体公司的总裁们被华尔街催促着考虑如何开源节流。报道政治与国际事务需要大量的经费支持，但是却只能吸引喜欢严肃思考的小众，而以时尚、绯闻、明星为主题的软性娱乐化新闻却吸引了大量的观众，并且投入相对较低。

20 世纪 90 年代，美国公众似乎第一次感受到从核冷战阴影下解脱出来的畅快甚至自满。从前，他们关心国际事务是因为他们的世界随时可能陷入毁灭的危险，关心世界就是关心自己。所以，他们关注美苏争霸、古巴危机、越南战争、"星球大战计划"，也因此出现了沃尔特·克朗凯特（Walter Cronkite）这样富有责任感的新闻主播。但是20世纪90年代之后，似乎没什么值得关心的世界事务了，海湾战争、波斯尼亚战争，那不过是自满的90年代一个迅速被遗忘的插曲，公众喜欢看到喜剧与闹剧。即使在2000年的总统竞选的辩论中，“恐怖主义”也只被提及过两次。

20世纪90年代也是媒体公司并购的年代，越来越庞杂的公司结构使得原来的新闻机构失去了曾经的影响力。上市的媒体公司是被华尔街而非新闻人主宰的，在利润与新闻质量之间，他们毫无疑问地选择前者。当花费巨资获得的硬新闻并没有比肥皂剧与花边新闻赢得更高的收视率时，这些硬新闻就理应被压缩。

媒体经营者与公众共同主导了琐碎而庸俗的20世纪90年代的新闻界，而此时的新闻界则是由跟踪戴安娜王妃的狗仔、斯塔尔报告、辛普森案件、古巴小男孩埃连（Elián González）的命运、《幸存者》（*Survivor*）和《如何嫁给百万富翁》（*How to Marry a Millionaire*）游戏、肥皂剧《欲望都市》（*Sex and the City*）共同构成的。媒体人将对私人生活的窥探几近无耻地美化成了“它不是一个绯闻故事，而是关系到我们的政府是被什么样的人所运转”。

在1988年，三大电视网平均每年播出两千分钟的国际新闻；到了 2000 年，这个数字下降到一千二百分钟。在 2001 年 9 月 11 日前，每天只有百分之九的时间留给国际新闻。而非 FOX 新闻台主导的娱乐化新闻（infotainment）成了主导。CBS 最令人尊敬的新闻主播丹·拉瑟（Dan Rather，沃尔特·克朗凯特的传人）批评道，国际新闻正在“变得好莱坞化与轻佻化”。为了所谓的收视率，主持人把自己变成脱口秀演员。媒体经营者称，人们总是关注自己身边的事情。

悲剧发生后，他们才开始发现自己错得多么厉害。除了声誉卓绝的《纽约时报》《华盛顿邮报》（它们分别保持了二十家、二十二家分社的规模），所有媒体机构都意识到自己的驻外记者少得可怜。ABC 只有九名驻外记者，其中五名都在伦敦；CNN 虽然拥有三十个驻外机构，是三大电视网的总和，但这些记者却常常发现自己被采访经费困扰。《时代》驻巴黎首席记者抱怨杂志社一直在减少海外事务的报道，而结果也正是如此，这本以严肃著称的杂志在 2001 年的大部分时间里失去了其全球性、富有智力性的视野。

现在，从时代华纳到维亚康姆再到 NBC 的母公司通用电气，老板们慷慨得令人感动。NBC 的新闻主播汤姆·布罗考乐观地相信，“9·11”事件可能会使国际新闻重回中心位置，因为每个人都开始深入思考全球化的问题了。但是，丹·拉瑟的乐观态度却谨慎得多，他不知道公司的慷慨会维持多久，更不知道媒体是否很快又会回到追逐利润与收视率的年代。

在二十世纪六七十年代辉煌无比的前《纽约时报》记者大卫·哈伯斯塔姆度过了痛苦的 90 年代。这个热衷于重大事件的杰出作家，始终拒绝去写闹剧式的 90 年代题材（比如硅谷传奇）。他在内心深处怀念那个更加严肃的时代，被战争、混乱考验的时代。那个时代的伟大新闻人是受人尊敬而非取乐的。人们依靠克朗凯特的“新闻 60 分”了解世界，通过詹姆斯·莱斯顿的专栏体验政治的乐趣。詹姆斯·莱斯顿在 1991 年出版的自传中，回忆五十年来新闻业的变化时同样充满怀旧色彩地说，自己年轻时阅读的是沃尔特·李普曼的《道德序论》(*A Preface to Morals*)，而现在的年轻记者则钟情于《今日美国》创始人努哈斯的自传。对于昔日的过分眷恋与美化，是每一个人都可能犯的错误，但它也的确映衬了时代的改变——一个严肃得近乎刻板的时代正让位于更轻松的岁月。

“9·11”事件很难重新让一头扎向娱乐化的新闻业真正回头，这不仅因为从前单纯的新闻机构变成了庞大的媒体公司，更因为我们的世界和人们的心理已经不可掉转地改变了。看看曾经的美国三大电视网新闻主播们吧，CBS 的丹 · 拉瑟、ABC 的彼得 · 詹宁斯（Peter Jennings）、NBC 的汤姆 · 布罗考，或许是美国新闻业残存的具有克朗凯特时代风格的严肃新闻主播，在他们最终离职后，似乎也切断了新闻业与往日光辉岁月的联系……

重要，却不够伟大

危机可能造就英雄，也常常将平庸人物推向与其自身并不匹配（甚至都不知晓）的地位。2001 年 9 月 10 日还被纽约媒体讥笑的朱利安尼，在一天后就成了全美国的英雄。他在任期的最后几个月让自己成为《时代》年度人物，并常常被公众可笑地推向与丘吉尔、罗斯福、甘地、马丁·路德·金并列的地位。托马斯·弗里德曼（Thomas Friedman）先生成了新闻界的朱利安尼。没人怀疑弗里德曼先生的才华。作为《纽约时报》记者与专栏作家，他已经两次获得普利策奖，他关于中东问题的著作《从贝鲁特到耶路撒冷》（*From Beirut to Jerusalem*）与全球化研究著作《凌志汽车与橄榄树》（*The Lexus and the Olive Tree*）引起了广泛注意。但是在 2001 年 9 月 11 日之前，他只是专栏作家星群中还算闪亮的一颗。每周两次关于中东问题的专栏值得一读，却并非必须。

而现在，只要是弗里德曼先生说话，全美国（包括整个中东地区）都在倾听。没有一位记者或学者（包括普林斯顿大学令人尊敬的中东专家伯纳德 · 刘易斯 [Bernard Lewis]）比这位四十七岁的资深新闻人更能阐述陌生的伊斯兰世界：它们为何对美国敌意重重？美国人做对了什么，又做错了什么……他吸引了从知识界人士到普通美国人的注意力，所以当时任美国国家安全顾问的赖斯（Condoleezza Rice）听说他要采访自己时，根本没有犹豫就接受了。而当时的沙特阿拉伯王储阿卜杜拉也要通过弗里德曼的专栏来表达自己的中东和谈建议。布什与朱利安尼勾起了人们对伟大战时领袖的回忆，而弗里德曼则多少令人想起专栏作家的黄金岁月，那是沃尔特 · 李普曼通过“今日与明日”专栏影响外交政策的光辉年代。但显然这两种联想都充满了幼稚，至少在我们的时代，“伟大”已不可能再现了。

美国式政治专栏出现于 20 世纪 20 年代，《纽约先驱论坛报》的马克 · 沙利文（Mark Sullivan）、《巴尔的摩太阳报》的弗兰克 · 肯特（Frank R. Kent）是其中的先驱。正如每一部新闻史都会写到的，从 19 世纪后半叶到 20 世纪前 20 年，美国新闻业被普利策与赫斯特的品位所左右。这同样也是美国历史上的野蛮期之一，整个国家开始由乡村型转型为城市型，掠夺、痛苦、浮躁、丑陋充斥着这个年轻的合众国。煽情的战争新闻、黄色报道与黑幕揭发运动因准确契合了民众的不满心理而大受欢迎。但政治显然还远离美国人，政府组织依旧像托马斯·杰斐逊所坚持的，小得不能再小。令西奥多·罗斯福愤愤不平的是，美国并未伴随其财富的增长而变成一个强大的国家，孤立主义传统深厚的美国民众根本对国际事务不感兴趣。所以，20 世纪 20 年代政治评论的受欢迎程度很难与门肯嘲弄日常生活的评论相媲美。

苏格兰哲学家托马斯·卡莱尔（Thomas Carlyle）认为卢梭（Jean Jacques Rousseau）是"作为英雄的哲学家"、罗伯特·彭斯（Robert Bums）是"作为英雄的诗人"，因为他们都以一己之力开创了全新疆域。如此，沃尔特·李普曼也一定可以被称作是"作为英雄的专栏作家"，因为他奠定了现代政治评论的格局，缔造并主宰了专栏作家的黄金时代，其生前与身后都无人匹敌。

1931 年，在李普曼开始写作"今日与明日"专栏时，美国新闻界还未出现过这样一位完全不像新闻人的天才人物。在哈佛上学期间，美国心理学大师、“哈佛四哲”之一的威廉·詹姆斯（William James）常请他喝下午茶，西奥多·罗斯福称他为“全美最富才智的青年”，他的同学、20 世纪初最著名的美国记者约翰·里德（John Reed）称他为“未来美国的总统”。毕业后，他成为“黑幕揭发运动”的健将林肯·斯蒂芬斯的助手，但在一年后便对此心生厌倦；二十四岁那年，他出版了第一部政治分析著作，结识了英国的布鲁斯伯里团体中的凯恩斯、萧伯纳与伦敦经济学院的创造者韦伯夫妇（Beatrice 和 Sidney Webb），他还说现代舞蹈先驱邓肯（Isadora Duncan）的表演“充满可笑的幼稚”；一年后，他参与创办了著名的自由主义杂志《新共和》，并成为不可替代的副主编；一战爆发后，他弃笔从戎，成为威尔逊政府最年轻的顾问之一，并参与起草了“和平建议十四条”；1922 年，他开始出任全美最大的报纸《纽约世界报》社论版主编，并以略显深奥但神采飞扬的文笔为自己赢得了尊敬，成为 20 世纪 20 年代美国的明星人物之一。

在度过了将近二十年的写作练习期之后，李普曼于 1931 年开始通过评论国际事务来阐述美国与新世界应扮演的角色。他嘲笑“罗斯福新政”（The New

Deal),鼓舞美国参与二战,分析了马歇尔计划(Marshall Plan)与杜鲁门主义(Truman Doctrine),宣称动荡的亚非拉国家人民“需要被统治”;他在厨房里与赫鲁晓夫(Nikita Khrushchev)交谈,说肯尼迪遇刺使他的内心更加寒冷;在他生命的最后岁月里,他坚定地站在反越战那一边,令他的老朋友兼美国总统的林登·约翰逊(Lyndon Johnson)大为光火……李普曼几乎与美国政府一同崛起:罗斯福新政使美国变成了一个大政府,开始无所不干预,然后又掌握了全世界的霸权……当李普曼说话时,全世界都在倾听。那些渴望赢得美国好感的国家元首都渴望被李普曼采访,因为他的好话意味着自己将在全球几百家重要媒体上露面。李普曼在美国拥有一千万读者,而这些人正是美国最精英的势力。在20世纪50年代的日记里,这位不苟言笑的人匆匆写到,希腊首相、埃及总统不过是泛泛之辈。新政府的驻外大使在上任前,也都渴望听到他的教诲。每一任政府都尽量不去激怒德高望重的李普曼先生,正像大卫·哈伯斯塔姆所说的,有一个不成文的说法是,李普曼影响《纽约时报》专栏作家莱斯顿,莱斯顿影响新闻界高级决策人,然后这些人又影响广播与电视,而电视则直接影响公众情绪……

所以当李普曼于20世纪60年代终止持续了三十多年的“今日与明日”专栏时，他的大量读者有点茫然失措。他的传记作者罗纳德·斯蒂尔（Ronald Steel）不无夸张地评价道，整整几代人依靠李普曼的专栏指点外交事务的迷津，他的退休使这一传统突然中断。

媒体在李普曼去世后继续蓬勃兴旺，一代代专栏作家兴起，这其中就包括备受尊敬的詹姆斯·莱斯顿，但没人能够达到李普曼的影响力。大概，我们只能将此归咎于李普曼的不世才华吧，他根本不是一位新闻工作者，也从没有看得起自己的职业。几十年来，他有条不紊地起床，从容镇定地写作，看不起刻意得到的“独家新闻”，也不相信“时间性”有什么意义。他没有普通记者的廉价好奇心，也从来不觉得世界有什么新鲜事，因为一切都预演过。罗纳德·斯蒂尔曾猜测，李普曼本来应该成为一名哲学家（就像他的老师亨利·詹姆斯与乔治·桑塔亚纳），或者干脆做一名数学家——他的头脑生来就有一种“删繁就简”的能力，能够穿透事物表面的迷雾直击本质。当然，这并不意味着李普曼不会犯错误。事实上，他常常犯错误，至少他低估了富兰克林·罗斯福（Franklin Roosevelt）的能力。人们倾听李普曼不是因为他的预测能力，而是他不动声色分析事物的方法与冷静气质，这种气质配上他广博的眼界会有令人瞠目的效果。他一边谈论新政的弊病，一边又与凯恩斯与哈耶克（Friedrich Hayek）讨论自由主义的前途。他具有政治家的心胸与哲学家的眼界，使他完全超越了新闻学范畴。

除了天赋，李普曼还赶上了一个好时机。1931年的美国政府仍幼稚得可笑，当时马歇尔（George Marshall）将军的助手艾森豪威尔每天需要坐公共汽车出门办事，而专栏作家也少得可怜。在这种情况下，他们彼此间很容易接近并相互影响，况且李普曼曾在政府中任职，所以很容易就赢得了他人的尊敬。在接下来的几十年间，国力的强大使得他的声音被当作美国的声音而被国际社会接纳，成了世界舆论的无冕之王。他每年在家中的盛大聚会，更是华盛顿社交季节的开始。

托马斯·弗里德曼能成为下一个李普曼吗？“9·11”事件是否赋予了他类似于二战之于李普曼的机会？受白宫尊敬、阿卜杜拉国王信任的弗里德曼成了“9·11”事件后最重要的专栏作家，但他离伟大还相去甚远。像其他一些灿烂的前辈一样，关键问题是，他们不具备李普曼的天才——一种超然物外的精神。他们都太像记者了，弗里德曼报道了十几年的中东问题，成了该领域的专家，就像莱斯顿是白宫的专家一样，但他们的智慧是依靠不断亲身实践获得的，是用双腿与部分大脑而非真正的智力因素写作的。弗里德曼先生说自己的秘诀是不断旅行，与贝鲁特的平民交谈，与阿富汗临时总统共进晚餐，所以比美国官员获得了更多一手资料。他的专栏流露出强烈的平民色彩，说话直来直去，喜欢陈述事实，看不出思想的痕迹。如媒体评论家大卫·普洛兹（David Plotz）所说的，弗里德曼是典型的“时报平庸眼光”的代表。

况且，媒体过度的自我复制影响了专栏作家的影响力，他们喋喋不休地将自己的智力消耗在过多琐碎事件上，都太想成为“十五分钟的名人”，而非影响深远的严肃力量。政府变得复杂、庞大、不可接近，媒体越来越成为观光客而非直接影响者，著名的专栏作家常常被政治与商业权力所诱惑，成为其中利益集团的传声筒。

对于弗里德曼先生的过多苛评是不负责任的，因为他已经是我们时代最杰出的新闻人之一了。我们需要警惕的，不过是放弃自我陶醉的幻象，直面我们时代的窘境。这个被碎片充斥的世界里缺乏真正的英雄气质，也没有赋予我们产生伟大领导人或是伟大专栏作家的条件，但时刻回忆李普曼的事业，依旧是每一个不甘平庸的新闻人的必修功课，因为它能使我们保持严肃与敬畏之心，对我们的世界与自己做出更理性与清醒的判断。

固执的腔调

我和一本书的故事

傍晚五点，适合在图书馆里闲荡。人们正在散去，拥向最近的学三食堂。书架很高，我要踮起脚来够得着最上的一排。我喜欢看那些排列在一起的书籍，端庄、沉默。它们大多被包装上了黑色的硬壳封皮、扉页上盖上了深红色的印章，上面是篆刻的“北京大学图书馆藏书”，并被统一编了号。在很长一段时间里，我试图寻找书中磁条的位置，如果取下它，你就可以拿着它大摇大摆地通过门口的测试器。偷书，就像高年级女生的大腿一样，是我们大学时光中永远难以压制的欲望。

我从历史类的书架，转到了传记类，扫过一排排显赫一时的名字，停留在《李普曼传》上。我从书架上取下了它，只是出于对陌生名字的好奇。那时我正乐此不疲的收集人名、书名，仿佛它们是通向一个丰沛、广博世界的捷径。潜意识中，我也在为自己的前途忧心忡忡，我二十二岁了，仍不知该以何为业，期待别人的生活能给我启示。

这本书就这样进入我的生活，和绝大多数偶然到来、又匆匆离去的印刷品不同，它再也没离开我。我的住所从 28 楼的宿舍，转移到北大东门的筒子楼，西郊的那些不知名的临时房间，还有此刻的紫竹院，它一直静静地摆在我的从未条理分明过的书架上。七年前大学毕业时，我用赔偿十倍的方式，留下了它。1984 年新华出版社的版本，包装朴素、翻译精良，售价不过 2.60 元，图书馆的编号是 K837.1254/2。

我记得那个闹哄哄的夜晚，我一边吃着食堂的鱼香肉丝，一边屏住呼吸读完了 56 页。“沃尔特 · 李普曼（1889—1974）是美国最负盛名的专栏作家。他从二十四岁参加创办美国自由派刊物《新共和》到八十五岁逝世为止，写作活动持续了六十余年，一生写了总数达一千万字的上万篇时政文章，发表了三十多本著作。”这段毫无色彩的简介对我产生了致命的吸引力。它不正是我一直寻找的职业模式吗——以言论为业，高产，创作生命漫长，很早进入舞台中央，并将影响力持续到生命终止……

那真是个一厢情愿的年纪，我丝毫不理会主人公所成长的国家与时代，不想了解他内心的挣扎与绝望，只期待能复制他的名声与影响力。他评论从西奥多·罗斯福到理查德·尼克松的历任总统，对赫鲁晓夫、戴高乐提出外交建议，和威廉·詹姆斯、弗洛伊德、凯恩斯、萧伯纳讨论问题，他以镇定自若的口气教育几代美国人如何应对经济大萧条、第二次世界大战、“冷战”和越南战争……

这本传记就像个迷人的女人，随着年龄的变化，我开始欣赏她的不同特质。大学三年级时，我一口气读完了前 56 页，因为它主要是李普曼的大学生涯，那是 20 世纪初的哈佛，李普曼和他的同学们致力于探讨和实践各种新思想，他们创办社会主义俱乐部，在凌晨一点的街头争吵，在《哈佛月刊》写出这样的句子：“年轻人的思想要是‘保守’的话，那肯定是荒谬的。因为这意味着随着年龄的增长，他们大概就会变成‘墨守成规’的人。”我还倾慕那样的时刻，年迈的威廉·詹姆斯在早晨敲开十九岁的李普曼的宿舍门，告诉他的那篇文章写得多么的好。哪个青年不期待在人生刚刚展开时，有一个强有力、值得信任的前辈的指引呢？

毕业时，我成了一名记者，李普曼创办《新共和》的故事，开始被我不断地重读。我总是在对别人说，要用一种新知识的精神，来探讨中国的现实，并描绘她的未来。这种话语不正是赤裸裸地借用自李普曼和他的同伴们对《新共和》的定义吗？连我那不可救药的进步主义情结，也来自那个时代。艺术家、作家、政治人物、花花公子、流浪汉，都沉浸于一种乐观情绪中，相信他们将寻找到一种新方式来缔造一个新社会，李普曼寻找的角度是政治评论，就像他自己写的："我们是生活在一个革命的时代，没有任何东西可以比得上它。我们是争取一个光辉灿烂的人类文明的动力。"我总在想象那样的画面，"他们一边吃面条，喝廉价的果子酒，整夜整夜地辩论精神分析学和社会主义问题。"

我的阅读在此后就开始停滞了，罗纳德·斯蒂尔这本传记原名是《李普曼和美国世纪》，其中大量篇幅在描绘分析美国与世界的关系，它正是李普曼成就的重心。但在好几年中，对此缺乏兴趣。令人发笑的是，当我开始为一家报纸撰写国际政治评论时，我开始经常提到李普曼，但事实上，我从未读过他的只言片语。或许唯一的例外是在一本普利策奖的作品集中，读过他的一两篇关于苏联的评论，但它们没给我留下特别的印象。所以，我关于他的所有认知都来自这本传记。他在这阶段给我的至深影响是他对于大众的怀疑，他对于深入分析的钟爱，他不信任那些沉湎于事实揭露的新闻记者，他像个纯粹的知识分子那样在大众报纸上写作，而不顾及是否读者能够理解，还有他对强有力的领导人控制不住的喜爱……他的这些洞见（或者偏见）都深深地植入了我刚刚开始的写作。

李普曼在青年时代的进步与乐观情绪，经由第一次世界大战，还有自身年龄的增长，在 20 世纪 20 年代开始幻灭，他变得更谨慎、不动声色。而我对国际政治的热忱在四年后变得意兴阑珊。我发现自己根本不可能接近事件的核心或者权力人物，那种借助二手、三手资料再做综合性的分析，像是一个自我沉溺的文字游戏，它没什么影响力。但即使如此，这本《李普曼传》还是经常进入我的视野。在一些突然心灰意懒、对自己的未来充满焦虑的时刻，我会在再度翻起它。

我开始喜欢阅读他的爱情故事。在他的过度冷静的外表下，是一颗孤寂的心。结婚多年的他爱上了自己最好朋友的妻子，并最终和她生活在一起。“我就像这样一个人，他在想象中看到了这种壮丽的生活”，他 1937 年 5 月给这位新情人的信中写道：“但过去却只是在无尽头的长廊里彷徨，窥视着一个个空荡荡的房间，直到你突然打开了通向真实世界的大门。”这是我看到的最动人的情书了，或许那天下午他仍在评论欧洲的最新局势。

我也开始喜欢他的晚年时光。到达声誉的顶峰之后，他的身体、思维和名声开始不可避免地下滑。一个终身依靠清晰逻辑生活的人，必须要习惯头脑的逐渐混乱，手不停挥地写作了六十年之后，他发现自己难以把握那些词句了……但是，即使在周围世界正在坍塌时，他仍竭力保存那一贯的自尊。在他挚爱的第二任妻子葬礼前两天，他一直在房间里练习行走，他不愿意在葬礼上以坐在轮椅上出现。对于这个场景，罗纳德·斯蒂尔写道：“他瘦得出奇，漂亮的颧骨突出在松弛的皮肤下，他形销骨立，黑色上衣在身上晃晃荡荡。他看起来极为孤单……但他蔑视这种帮助。”

距离我在图书馆里偶然的发现，将近十年过去了。看起来，它还会再伴随下一个十年。令我兴奋的东西逐渐开始转移，如今我越来越期待知道这样一个热衷于秩序、高度理性人，是如何控制内心深层的矛盾感的。他怎样对待自己的犹太身份；一个恪守传统道德原则的人，是如何接受那段惊世骇俗的恋情的；他是如何在独立性和对权力的钟情中找到平衡的……

我像描述一段恋情一样，回顾了我和一本书的关系，我甚至不记得它有什么缺点。这种絮叨，对于我个人的意义，或许远大于对于读者的启发。

这是我对这本再版的《李普曼传》的序言。对于一生献给公共写作的传主来说，这样的介绍是一种显著的不协调，这种矛盾也存于传主的公众形象与真实的内心之间，它值得我们更加深入地去探索。

亨利·鲁斯的好奇心与我们的理想

鲁斯和他的杂志对于美国人性格的影响，要大于所有教育制度的总和。

——罗伯特·赫钦斯（Robert Hutchins），

美国芝加哥大学前校长

《时代》杂志的创始人亨利·鲁斯对于未知事物有一种强迫症式的好奇心。商业评论家马歇尔·布罗仍然清晰地记得他第一次与亨利·鲁斯共进午餐的场景。那是 20 世纪 50 年代中期的某一天，时代出版公司在洛克菲勒中心举办了一次午餐会。马歇尔·布罗和亨利·鲁斯都是到场来宾。当时同席的还有一位新来的农业报道作家。不知为何，这位作家突然讲到了小鸡如何生育的问题。亨利·鲁斯——这位五十多岁的杰出编辑，当时美国最有权势的出版人——完全被这个问题吸引了。于是，鲁斯的追问成了这次午餐会的唯一议题。曾任《财富》杂志编辑的经济学家约翰·肯尼斯·加尔布雷斯回忆说，鲁斯是一个政治与道德保守主义者，是一个坚信“美国梦”的浪漫主义者，然而这一切与他的好奇心相比却都在其次。

有感于美国人对于世界的无知，二十四岁的鲁斯与他的耶鲁同学布瑞顿·哈登于1923年创办了《时代》杂志。关于发起缘起，他们特别强调对于新观念的浓厚兴趣。1923年之前，当人们提到“新闻”时，政治与犯罪是唯一的反应。但鲁斯对于一切社会现象几乎都抱有强烈的兴趣与好奇——医学、法律、科学、技术、宗教甚至新闻业本身，使得《时代》几乎重新定义了“新闻学”的概念。1929年，鲁斯创办了《财富》杂志，想更深入地了解仍为公众所陌生的工商界。到了1936年，他又试图利用镜头来展现广阔与奇妙的世界，于是在美国街头出现了《生活》杂志……

在时代的杂志王国中，鲁斯是一个严肃缺乏幽默感的老板，他强硬的编辑方针与固执的性格常常令下属心生畏惧。在每周的高级编辑例行会餐上，他通常心不在焉地看着菜单，思绪却转到别的事上，最终只好无奈点下菜单上的第一道菜。吃饭的时候，只有说出新观点的人才能吸引他的注意力。资深编辑知道说服“总编辑”的唯一方式是——提出新角度与新观念，即使这种新思想与他的信仰背道而驰，他对新奇观点的兴趣也总会占上风。

鲁斯是一个典型的 18 世纪末的改革者传人。两百年前，以富兰克林（Benjamin Franklin）、亚当 · 斯密（Adam Smith）、狄德罗（Denis Diderot）为代表的改革者们对于世界的强烈好奇心，驱动着他们不断进行认识和改造世界的活动。于是，一个启蒙时代来临了，现代社会的法制、技术、民主、经济等基本观念也由此建立。产生于 15 世纪和 16 世纪的变革如哥伦布的地理大发现、意大利的文艺复兴、伽利略对物理学基础的贡献等，同样是被一群对知识强烈饥渴的好奇者所驱动的。

鲁斯开创事业的 20 世纪 20 年代，正是大众文化兴起的时期，电影、广播、电报、杂志、电视都在这十年间或开始出现或蓬勃起来的。在现代技术的帮助下，地域界限变得模糊了，人们的视线被打开，而鲁斯的杂志正好在这一切急速变化中充当了有力的鼓动者。他迫切地提醒人们，要站立起来，放眼四周，发现并欣赏那些新奇的人与事，告诉人们生活的视角不应该那样狭隘。他成了新闻界中的富兰克林与狄德罗。

鲁斯对于新知抱有宗教般的热忱，甚至可以说他把自己那种加尔文教派的掘取欲不遗余力地转嫁到了对知识的渴求上。1989 年，时代出版公司第二任总编辑多诺万回忆道："鲁斯的头脑的确不凡，充满了知识。他从在中国传教的父母亲、从哈奇克斯学校和耶鲁大学都吸收了很多知识，并不断的钻研、学习，更可贵的是，他还能把所学的东西加以活用。鲁斯算是半个宗教理论家，一个渴望了解十几种不同学科的上进学生，一位在商场上游刃有余的生意人；而在新闻界，他更是一个孜孜不倦而富有远见的改革家。"《时代》的另一位资深主编曼弗瑞德·高特福莱同样说："鲁斯是一位有思想的人，是一位不折不扣的知识分子。如果你要和他辩论，他很可能会搬出诸如奥古斯丁或柏拉图等人物来说服你。"

《时代》《财富》《生活》等杂志正是鲁斯这种好奇心与思想的产物与执行者。罗伯特·赫钦斯所谓"鲁斯和他的杂志对美国人性格的影响要大于所有教育制度的总和"的评价，正彰显出鲁斯的好奇心与充满理想主义的努力对于整个社会的深远影响，因为在一个大众文化时代，媒体所营造的影像与文字是公众了解世界的主要方式，有可能比正规的学校教育更有效。

那么今天呢？在这个新资讯革命时代，鲁斯缔造的帝国似乎不复当年的影响，因为杂志业仅仅是时代华纳庞大业务的一部分，况且网络与电视的影像世界已经成为绝对主宰。但是，亨利·鲁斯对世界的好奇心却没有变。20 世纪 20 年代，《时代》试图让读者了解广阔的世界，今天 CNN、《纽约时报》则马不停蹄地报道这个已经全球化的世界；30 年代，《财富》想了解企业的秘密，而今天所有的媒体都对新商业传奇趋之若鹜；鲁斯曾经好奇小鸡如何生育，今天的我们则好奇基因技术怎样改变生命……

达·芬奇（Leonardo da Vinci）曾经对数学与机械原理痴迷不已；狄德罗为了了解更多而编纂了《大百科全书》；爱因斯坦试图探求人以光速运动将会出现的景象：亨利·鲁斯则想知道，一份杂志除了报道政治与犯罪新闻以外是否还可以说点别的，比如印度人平时吃什么之类的话题。

中国在 20 世纪 20 年代同样出现过“杂志热”。从美国归来的胡适、梁实秋、林语堂，从日本归来的周氏兄弟，当然还有本土的陈独秀，等等，都渴望为僵死的中国文化注入生气，于是他们利用《新青年》《语丝》，还有 20 世纪 30 年代的《生活》，拼命地从西方国家引入制度、文化、思想的讨论。这一切努力的确在当时的中国青年中掀起了一股狂热，他们对于“恋爱自由”“科学与民主”这样的话题倍感兴趣，并激发了诸如傅斯年、罗家伦这类青年学生的高远志向。今天的学者喜欢将“启蒙运动”加之于 20 世纪 20 年代，并将其推至一个神圣的地位，但我更倾向于认为，正是那些在 20 年代不断涌现的各类杂志与书籍，激发起了一代青年沉睡的好奇心，他们才开始渴望了解生活的更多种的可能性。在那场运动中，重要的不是赵家楼的那把火，而是一个普通的年轻人会思考“我为什么不可以拒绝与那位定亲的乡下姑娘结婚”之类的问题。

尽管今天的中国青年处于前所未有的多选择时代，但我仍有些遗憾地发现，互联网、电视、书籍并未激发起他们的热情与好奇。资讯的充足甚至伤害了他们的思维，当面对丰富的世界时，他们似乎仍在用单调的目光打量，多少有一点与马尔库塞所描绘的“单面人”相类似。

留心，这触及现代社会的一个根本命题——通才教育。亚当·斯密早在二百年前就提醒我们，过细的专业分工正在让人变得工具化。今天，亚当·斯密的忧虑早已演变为严重的社会弊病。我们发现自己是如此乏味，除了工作之外，对于其他领域所知甚少。我们是医生，是律师，是程序员，是股票交易者，却不是一个丰富而有趣味的独立个人。在这本杂志的编辑看来，好奇心是对抗这种专业化与乏味化的最有效手段。当你让莫奈(Claude Monet)的画、柏辽兹(Hector Berlioz)的音乐、非洲的考古发现、微软实验室的科技发明、《纽约时报书评》成为你生活的一部分时，就会发现生活其实充满了趣味，它湿润柔软而非干燥坚硬。好奇心让你摆脱与强悍的社会、狭隘的内心碰撞的概率，让你学会与自己对话，让你成为自己最好的朋友。这是柏林大学、牛津大学、哈佛大学的教育理想，是《大西洋月刊》《泰晤士报文学增刊》(*The Times Literary Supplement*)和《时代》的理想，如今，它也是我们这群年轻而好奇的编辑的理想。

这些话说得过于漂亮，还有些拗口。原谅一个年轻人的自以为是与激情鼓舞下的慌乱。简言之，我们希望重新激发起你的热情、好奇与对生活的广泛兴趣，就像你童年时玩泥巴的盎然兴致。

无能的青春

宣称自己生气勃勃、强壮有力，倒不是危险的威胁，危险的威胁是透顶的庸俗。

——席勒（Friedrich Von Schiller）

伟大的传统已经丢弃，而新的传统尚未建立。

——夏尔·波德莱尔（Charles Baudelaire），

《一八四六年的沙龙》（*Salon de 1846*）

毫无幽默感的一代正在出现。把我们接受的全部致命的诚挚和致命的笑绞在一起。

——切斯瓦夫·米沃什（Czesław Miłosz），

《欧洲的孩子》（Child of Europe）

1819年，二十岁的巴尔扎克（Honoré de Balzac）说服母亲为自己租下巴黎军械库图书馆附近的一间阁楼。这位年轻的法学士希望在这里潜心研读从“塔西佗”（Tacitus）到解剖学再到中世纪等一切知识。他希望能够依靠自己的勤奋，写出伟大的作品。

隐居生活是痛苦的，他一方面要忍受物质上的艰苦，央求妹妹给他寄一顶“絮棉花的红色美利奴羊绒便帽”来，因为晚间他在阁楼上冻得发抖；另一方面，创作时带来的内心剧烈斗争更让小伙子忧心忡忡，“在完成我的第一部巨著前，我得啃坏指甲七八次”；此外，为了维持旺盛的精力，一杯杯浓咖啡在使之精神亢奋的同时，也无情地伤害着他的胃；偶尔的性骚动，还让他分神去想想对面那些姑娘。

对光辉未来的极度渴望，是支持这个矮胖身材、形容粗俗的文学青年不息热情的唯一信念。在给妹妹的信中，他写道：“如果我能使‘巴尔扎克’这个名字生辉，该有多么幸福！战胜默默无闻是一件多么有意思的事……”

18世纪末开始，欧洲青年都被巴黎的革命精神和拿破仑的伟绩激荡得坐卧不安。启蒙运动的天才们将层次丰富的世界展现在每个人面前，而个子矮小的拿破仑则身体力行地去证明，一个出身底层的青年同样可以获得万世荣耀。那些身体强壮、意志坚强的青年选择了追随执政官参加战争，开辟美洲，聚敛钱财的职业，那些头脑过于发达的青年，则选择了巴尔扎克式的道路，用笔与智慧获得了拿破仑般的荣耀。

在信念上，贵族主宰的古典世界动摇了，与此同时，纺纱机、铁路、蒸汽机甚至风险投资这样的新生事物又加剧了这种动摇。依靠自己而非家族传统的“个人主义”资产阶级观念在生产效率的鼓舞下越发深入人心。青年们第一次以群体的身份出现了。当面对庞大的未知事物时，老年社会的经验开始失去了一贯的权威，而时代更替带来的动荡则让年富力强者更具优势。

早在18世纪巴黎贵妇的沙龙里，年轻、依靠才智而非出身的达朗贝尔（Jean le Rond d’Alembert）、狄德罗、爱尔维修（Claude Adrien Helvetius）不是已经开始令人瞩目了吗？在德国，席勒这样的天纵英才已经开始觊觎歌德（Goethe）的桂冠了，尚还年轻的美国人托马斯·杰斐逊、约翰·亚当斯已经领导独立战争了。而到了18世纪末，在科西嘉人拿破仑的鼓舞下，法国的天才们不管是夏多布里昂（Francois-Rene de Chateaubriand）、司汤达（Stendhal）乃至后来的巴尔扎克和雨果（Victor Hugo），都在年轻时被荣耀渴望焦灼得心神难安，《红与黑》（*Le Rouge et le Noir*）中的于连·索雷尔（Julien Sorel）淋漓尽致地表现了这种饥渴与焦灼。而在英国，看看拜伦（George Gordon Byron）、雪莱（Percy Bysshe Shelley）吧，他们肆无忌惮地撕裂与社会、家庭的关联，前者在现实与梦境同样浪荡，是傲慢而魅力四射的唐璜，后者在牛津念书时就试图摧毁宗教，其反叛行径甚至比他的诗歌还要著名……这一切被后人浪漫化的叛逆行为通过另一种极端的方式表明，青年正在以独立群体的姿态出现，个人英雄主义比贵族家庭更值得尊敬，他们将洗刷历史，并创造出灿烂的未来。

从 1789 年到 1918 年，整个西方世界似乎沉浸在一段没完没了的青春期里。我们看到一代代青年要么被自己欲求征服世界的野心所折磨，要么被一种为人民谋求幸福的崇高社会理想所驱使。他们的血液中流淌着谋求变革的激情，真诚地相信未来比今日更美好，坚决地要打破传统，求得个人的真正自由。

就像在《群星灿烂的年代》里那些高声朗诵普希金诗句的俄罗斯文学青年，他们沉浸在法国作品与莎士比亚作品的同时，希望能够为这个古老的民族创造出一种充满生机的新文化。在巴纳耶夫（Ivan Panaev）的记忆里，他们叫别林斯基（Vissarior Belinski）、叫屠格涅夫（Ivan Turgenev）……而文学、艺术又唤醒了这些青年的爱与同情，他们像《父与子》（*Fathers and Sons*）中的青年一般与主张农奴制的父辈们决裂。他们中坚毅的如赫尔岑（Alexander Herzen），选择了激进的革命，这个热烈如火的人终生都清晰地记得在十五岁时看到沙皇处决十二月党人给他带来的震惊。他们或多或少都在《当代英雄》（*A Hero of Our Time*）中看到了自己的影子。

而在法国，这股激情在1848年的欧洲革命后似乎开始转为另一种情绪。破衣烂衫的波德莱尔在巴黎街头到处游荡，物质条件比巴尔扎克悲惨得多的"抒情诗人"将他先辈的野心勃勃转化为对现实的炽烈仇恨。他在1865年一封给母亲的信中写道："一旦我获得那种偶尔有过的朝气和力量，我将用骇人的书发泄我的愤怒，我要使整个人类起来同我作对，其中的快乐能给我无限的安慰。"在这种情绪的鼓舞下，那位叫兰波（Arthur Rimband）的少年意气风发地在诗人聚会的餐桌上撒尿、吐口水，最终在巴黎无法满足他过剩的青春热情时，决定到非洲、亚洲去冒险，并因此早夭。被波德莱尔赞赏的那些叫莫奈、马奈（Edouard Manet）、塞尚（Paul Cézanne）的年轻画家，很难找到一家沙龙展出他们的作品，他们渴望画出与别人不一样的东西。达盖尔(Louis Daguerre）发明了照相术之后，复制现实的绘画形式看来已经没有什么意思。1866 年，塞尚的一位朋友在给左拉（Émile Zola）的信中这样形容这个被青春的狂热左右的二十七岁青年："每当给他的某个朋友画像时，他都好像是为了某种不肯说出来的委屈而向那个人进行报复似的。"这种激情如疾病一样传染给了后来的荷兰人梵高（Vincent van Gogh）和西班牙人毕加索（Pablo Picasso）。

尽管"世纪末忧伤"在 19 世纪末的欧洲流行过一段时间，尽管德国人尼采更早就已预言了现代社会即将到来的危险，但对西方世界的普通人来说，1875 年至 1914 年这段时间是令人喜悦的，理性与进步学说畅通无阻，人人乐观向上。就像奥地利青年斯蒂芬 · 茨威格（Stefan Zweig）回忆的，奥地利上流社会似乎都对文学艺术充满兴趣，全欧洲都沉浸在歌剧的美妙之中。巴尔扎克式的野心勃勃尽管不再像三十年前那样流行，但波德莱尔的愤怒诅咒与尼采的破坏欲也并未传播开去。一种单纯向上的青春朝气与创造冲动仍随处可见。

在20世纪初的巴黎，这种气质在法国哲学家柏格森（Henri Bergson）的“生命冲动”与弗洛伊德（Sigmund Freud）学说的鼓舞下，被莫迪里亚尼（Amedeo Modigliani）、马蒂斯（Henri Matisse）、阿波利奈尔（Guillaume Apollinaire）、杜尚（Marcel Duchamp）、毕加索们发挥得酣畅淋漓。在流浪巴黎的俄国小子伊利亚·爱伦堡（Ilya Ehrenburg）的回忆里，这些艺术家与诗人在洛东达咖啡馆里争吵与喧闹，他们贫穷但是朝气蓬勃。一位朋友去拜访莫迪里亚尼与其合住好友苏丁（Chaim Soutine），看到这两个年轻人一起躺在地上，每个人都举着蜡烛，在他们睡觉的地方，围了一条灌满水的小沟，他们就这样防止床上的臭虫再来攻击。莫迪里亚尼读着但丁，而苏丁则在看《小巴黎人》（*Le Petit Parisien*）。

理想主义激情同样令大洋彼岸的美国青年兴奋难耐。哈佛毕业生沃尔特·李普曼、约翰·里德在大学时就组织了社会主义俱乐部，通宵探讨叔本华（Arthur Schopenhauer）的哲学和美国的未来。他们愤怒美国精神生活的匮乏与封闭，痛恨清教徒生活对个人精神的禁锢。毕业后，他们住在格林尼治村，渴望创造美国生活的“新传统”。他们攻击美国文学对生活的脱离，攻击清教徒对“性”的恐惧，他们渴望一场翻天覆地的社会变革，在20世纪前50年，美国青年知识分子中最流行的词语是“新”“性”“解放”“新民族主义”“新自由”“新诗歌”。二十四岁的沃尔特·李普曼甚至还创造了一本新刊物《新共和》；而在格林尼治村，为了表现自己的先进思想，许多青年开始公开炫耀自己非正式的夫妻生活。至于解放，则是从巴黎从欧洲吹来的时髦风向。此时的美国青年像五十年前的俄国青年一样对欧洲充满了憧憬。梅特林克（Maurice Maeterlinck）、康拉德（Joseph Conrad）、马蒂斯、弗洛伊德都大受欢迎……

一战破坏了从18世纪末就开始的一种生气勃勃的青春激情。在直面死亡时，在看到同伴变成炮灰后，欧洲的青年陷入某种颓废。德国青年瓦尔特·本雅明（Walter Benjamin）称这一代欧洲青年为经验贫乏的一代，从18世纪开始传统的世界就与他们彻底断裂了，而新的世界尚未建立起来。当时，裂缝仅仅是出现了，瓦尔特·本雅明尚不知道更深刻的断裂还未开始。

有理由认为，20世纪20年代的巴黎是傲慢的拜伦式“浪漫反叛”的终结，是孜孜不倦向外扩展的“浮士德”精神的终结，那种曾经鼓舞着巴尔扎克、瓦格纳（Wilhelm Richard Wagner）、茨威格、约翰·里德甚至胡适的激情，在此达到了辉煌的顶峰，然后戛然而止。在这里，我们还需要重复海明威在《流动的盛宴》（*A Moveable Feast*）里的动人记忆吗？我们还需要讲述文学青年们如何去朝拜心情苦闷的詹姆斯·乔伊斯（James Joyce）吗？我还需要再次提及艾略特（Thomas Stearns Eliot）、艾兹拉·庞德（Ezra Pound）、叶芝（William Butler Yeats）给那些年轻诗人的鼓舞吗？我当然也无须讲到，那些穷文艺青年在塞纳河左岸寻找旧书的喜悦，以及偶尔有钱去酒吧里大吃一场的快乐了。我也没有能力一一列举那些难以安静的好事青年，不停歇地制造出来的流派与主义：达达主义、未来主义、超现实主义、抽象主义、旋涡主义……它们实在太多了，这些年轻家伙的激情无处释放。我个人喜欢记住的是斯坦因小姐的客厅，如果赶得巧的话，在这里你可以一边喝着朗姆酒，让毕加索给你画像，读海明威最新的小说，听马蒂斯胡说八道……1928 年才来到巴黎的爱尔兰青年塞缪尔·贝克特（Samuel Beckett）像所有青年一样，被这里的生活惊呆了。他和乔伊斯成了朋友，他在莎士比亚书店蹭书看，他尝试给那些时刻创办、时刻死亡的小杂志写评论文章。他那句朴素得惊人的话再恰当不过地表明了这一切："20 世纪 20 年代的巴黎，是青年人生活的好去处。”

我对接下来的一切变化愤愤不已，二战无情地嘲讽着这种乐观的青春传统，年轻人被迫过早地知道死亡，知道政治上的欺骗，知道大萧条带来的精神压迫，知道战争屠杀所刻画的阴影，知道暴力在现实世界无处不在……

接着，我们看到了电视的发明，看到了从20世纪就开始席卷世界的消费文化变得无孔不入，更重要的是，我们看到了波德莱尔、尼采对现代技术社会的批判与提醒已成为残酷的现实。

战后，个人存在的荒谬感与虚无感被萨特（Jean-Paul Sartre）、加缪（Albert Camus）、贝克特用艺术表达出来。个人精神世界面对现代社会体制时，似乎表现出一种十足的软弱。我们都是弗兰兹·卡夫卡（Franz Kafka）笔下的K，我们唯一保护自己的方式，是坚信“他人即地狱”。拜伦、波德莱尔、尼采、王尔德（Oscar Wilde）这样异常敏感的人，率先感到了这一点，但他们还有能力、有勇气用自身的惊世骇俗来对抗，况且他们还有旧世界的养分可以吸收，他们利用对古希腊世界神祇精神的渴望，来武装自己。

但是20世纪50年代的青年有什么呢？他们最多

让自己变成“愤怒青年”，用逃避与愤怒来表现自己的存在。由于与传统失去了联系，波德莱尔、尼采开创的现代主义传统到了他们这里仅剩下表面的空架子。反叛传统，是与深刻地了解传统相辅相成的，毕加索、艾略特、斯特拉文斯基（Igor Stravinsky）都深深明白，但是，不论是欧洲的“愤怒青年”，还是美国的“垮掉一代”都已逐渐遗忘了。

到了1960年代，全世界的青年造反运动无情地说明了这一点。人们相信，1960年代的革命是对1950年代情绪的反动。笼罩在战后阴影中的1950年代，也是工业革命的高峰期，个人逐渐沦为无足轻重的“公司人”（company man），而计算机的发明也开始预示着信息时代的到来。《麦田里的守望者》（*The Catcher in the Rye*）再鲜明不过地表现了这个时代美国青年的情绪。他们没有能力与社会交流，已经失去了辉煌的梦想与渴望，只有试图与内心交流的沮丧包围着他们。

在种种刺激下的1960年代青年运动，在本质上是令人失望的。我更愿意将之理解成一次庆祝消费时代到来的狂欢，而不是青春激情的展露。青春的创造精神消失了，欲望的狂欢取代了一切。尽管有人将披头士比作二百年前的抒情诗人华兹华斯，将滚石乐队视作20世纪的威廉·布莱克（William Blake），但我更愿意当作唱片工业、包装艺术与电视节目的成功。表演性与消费性取代了青春的单纯，波普艺术家安迪·沃霍的血液中流淌着与于连·索雷尔同样的成功欲望，但前者的做作令人厌恶，甚至失去了基本的真诚。

1960年代也是标榜自我的一代，年轻人迫不及待地宣称："我就是我，和别人截然不同。"但叫嚷这些口号的人，可能连自己都不了解，更不用说别人与周围的世界了。他并不清楚自己的目标是什么，只是和成千上万的年轻人一起宣称着。在这种集体作秀中，个人获得了认同感。当大门乐队（The Doors）与滚石乐队面对电视镜头时，他们下意识地夸张了自己的表现力，而那些艺术家除了从1920年代那些乱七八糟的主义中获得了哗众取宠的启发性，似乎再也不愿意深入思考。他们宣称"行动就是艺术""人人都是艺术家"。他们拒绝思想，反对智力活动。在花哨的外表下，空无一物。听一听1968年巴黎街头那些青年学生的口号，"我们什么都要，而且现在就要"，"我把我的欲望当真，因为我相信我欲望的真实性"。这些当时煽情的口号，现在看来狗屁不通，不可理喻。

1960年代带有浓重表演性的青年狂欢，为今天青年文化的败坏埋下了所有的隐患。在夸张了空洞的自我之后，青年们对外部世界失去了兴趣，他们以之为食的电视节目和MTV也只能提供更加虚弱的内心生活。他们不知道自己从哪里来，也不知道该到哪里去，他们说只尊重“现代”，可是“现代”是什么，他们也难说清楚，唯一清楚的是狂乱的音乐、变化的电视屏幕，还有源源不断涌现出来的消费品可以转移他们的注意力。技术进步带来的消费社会，极大地缓解了卡夫卡的K的挫折感，况且他们都已失去了K的敏感。

在1960年代之后，青春成了最好的消费品，《滚石》杂志创造的故作姿态成了新主流。青春是用来表演的，是用来观赏的，而非真实的激情。在《美国派》(*American Pie*)中，青春的冲动是用来现场直播的，是青年用来打赌的赌注；在石康的《晃晃悠悠》与王朔的《顽主》中，所有的青年都用厌世的姿态来获得关注；在姜文的《阳光灿烂的日子》、陈果的《香港制造》中，似乎只有那些没有前途、没有信仰的青春才是真实的青春，只有那些享乐主义的青春才是真正个人主义。今天的年轻人，在漫画书、电子游戏和互联网的陪伴下成长，这些低级的虚幻世界让他们拒绝成长，他们顽固地让自己幼稚化，拒绝承担成长应肩负的义务；同时，他们从来就没有被一种伟大传统、伟大精神和对世界的兴趣吸引、鼓舞过，他们世故地墨守成规，在狭小的消费领域内打转，乐此不疲。就像今日北京的一位高中生，可能熟悉《古墓丽影》游戏中的每一种过关方式，但却顺从地听从父母的安排找一份好工作。他们可能从未想过什么另样的生活，幻想在他们的生活中缺席了，他们的实利主义有效地制止了梦想。

那些青春生命中的伟大激情呢？那些鼓舞过夏多布里昂、李普曼与贝克特对灿烂未来的极度渴望呢？那些青春美丽的虚幻呢？他们似乎全都被消解到一首首MTV、一个个超文本链接中去了。我们今天青年人的表情上，看不到被梦想焦灼的神情，他们有太多的欢乐，太多的老练，太多的技能表现。我回忆起雪莱高傲的模样，莫迪里亚尼那张洋溢动人神采的脸，想起了年轻的奥登（Wystan Hugh Auden）的忧郁，当时这个还在牛津上学的青年对朋友一本正经地说，诗歌界还有一个中心位置在空缺着，而他无疑将是那个人。我还想起十九岁的茨威格小心翼翼拿着作品去见报纸主编的紧张与渴望……那个世界已经死了。在1967年的《毕业生》中，达斯汀·霍夫曼心中除了迷茫外空无一物。安迪·沃霍尔也像奥登一样说自己将成为中心人物，但他的语气是那么油腻与急功近利。到了《我知道去年夏天你干了什么》(*I Know What You Did Last Summer*)中，少年连脸上的迷茫都没有了，在《将爱情进行到底》中，似乎日常的庸俗性与性格的浅薄已经全部占领了青春……

我该拿什么来结束我的不满呢？华兹华斯说，利用想象。这个英国人对法国大革命无限崇敬，他写道:“天恩在黎明时得以幸存，而年轻就是天堂。”华兹华斯美化了革命。我愿意将这句诗赋予20世纪20年代的巴黎，在那里我看到了青春的纯真与壮丽……

我们时代的英雄

伟大的人物是一种洗眼剂，可以根除我们目空一切的毛病，使我们能够看见别人和别人的成绩。

——爱默生，《伟人的作用》

比尔·克林顿决定在退休之后成为一个脱口秀主持人。这让我想起了一份有趣的民意调查：你心目中的英雄任务。这个调查在1900年进行时，美国公众选择了林肯作为最伟大的英雄，而排在前十名的大多为重要的政治、商业人物。一百年后，当同样调查再次进行时，脱口秀主持人大卫·莱特曼（David Letterman）、奥普拉·温弗瑞（Oprah Winfrey）这样的电视明星牢牢占据了主要位置。

按照文化多元论人士的看法，脱口秀主持人并不比政治人物低微。与脱口秀主持人并肩而立的还有橄榄球明星、好莱坞的俊男美女、畅销书作家、穿着休闲服的新 CEO……他们是我们这个时代的英雄。这种拥有越来越多支持者的看法并不仅限于美国，反映了我们的价值取向正急速地滑向“娱乐化”“可爱化”，庸俗的平等主义已经完全侵蚀了本应该具有的等级制度。以克林顿为例，他在我们心目中是一个聪明可爱而顽劣的大男孩。我们喜欢他，或多或少觉得他不像个领袖，而更像一个朋友。这个婴儿潮一代的总统，的确把白宫的风格嬉皮化了。他是乘坐“空军一号”的“摇滚乐手”。

这是一个拒绝承认英雄的时代，“我们时代的英雄”更像玩偶而非令人敬仰的智慧与风度的化身。“伟大的人格力量”，已经蜕变为摄影机前的“临时表演”。忘记普鲁塔克（Plutarch）写作《希腊罗马名人传》（*Parallel Lives*）时的激情吧，那是罗马时的事情，恺撒（Gaius Julius Caesar）的英雄行为实在过于遥远；也无须回忆起米开朗琪罗（Michelangelo）在西斯廷教堂艰苦卓绝的努力，因为它不够愉快；至于托马斯·卡莱尔在《英雄与英雄崇拜》（*On heroes, Hero-worship, & the*

Heroic in History）中表现的对卢梭的无限景仰，肯定不比卢梭本人的逸事更富趣味；还有，对拜伦、雨果、易卜生（Henrik Ibsen）、托尔斯泰（Leo Tolstoy）这样的伟大文学家的心灵，我们更忘记了如何尊重……

在这种“背叛英雄”的背后是现代社会不可更改的顽症。1831 年，年轻的法国人托克维尔（Alexis de Tocqueville）在踏上美国不久就敏锐地发现，一个民主的社会是拒绝伟大思想的。“民主”往往有着强烈的反智倾向，“人民”更执着于现实利益，而非理想主义。这种发现，正好响应了欧洲贵族在 19 世纪强烈的忧虑，担心当民主力量席卷欧洲时，伟大的艺术、伟大的思想将不复存在。冲动的人民很容易演变成“乌合之众”。蕴含在这种忧虑背后的是一种粗浅的能量守恒定律。倘若一个社会的才智保持不变的话，让越少的人分享，其个人就越有可能成为英雄人物。那么民主社会所标榜的平等，让更多的人生活得更好的同时，也必然削弱了那些英雄个人的力量。而且公众对“平等”越来越强烈的渴求，必然会使他们敌视那些才情卓越的人物。进入 20 世纪，新技术变革与这种越来越普及化的民主浪潮合谋将这种情绪推向极端。当每个人坐在电视前手握着遥控器，或通过计算机与世界联结起来时，一种“自以为是”的操纵感必然油然而生，他获得了藐视任何人的权力。自达达主义以来的现代艺术所标榜的“背叛历史”的叫嚣，更巧妙地渗透入公众的心理世界，他们心安理得地忘记自己前方站立着那么多巨人。至于我们的杰出人物本身呢，他们当然很清楚，自己生活在一个大众媒体时代，在电视前的表演肯定比自身的素养更为重要。讨人喜欢的形象比严肃的思考更易赢得喝彩，作秀的态度理所当然地成为媒体的兴奋点。就像我最初写到的，当代公众与当代英雄们相互迎合着，共同将“英雄”这一崇高形象推向一个尴尬境地。“我们时代的英雄”是一群昙花一现的玩家，而非值得我们效仿与追随的灵魂。

写到这里，我需要申明“英雄崇拜”这个词，是一个令今日中国青年倍感无聊的概念，被注入了太多的欺骗与空洞，让英雄在这种语境下，失去了其本应具有的丰满形象，失去了普鲁塔克所试图描绘的“性格的力量”，稀薄为符号。更重要的是，这种“英雄”并非真正的英雄。在这种欺骗失效后，“空洞的英雄”变成了嘲讽与消解的对象。嘲弄者在打倒了虚假的英雄之后，却忘记提醒人们真正的英雄是什么模样。

“崇拜伟大人物是天经地义的事。”一百五十年前，爱默生写道。在这位美国精神之父看来，重温伟大人物的事迹、追寻他们的言行，是普通人通往高尚的最有效的途径。他在《代表人物》(*Representative Men*)中满怀赞叹地描述了拿破仑、柏拉图、斯威登堡(Emmanuel Swedenborg)、蒙田、莎士比亚、歌德这些征服我们心灵的英雄，他们的高贵品格与杰出才智成为每个人仰慕与效仿的对象。爱默生的杰作是美国版的托马斯·卡莱尔，这位19世纪苏格兰哲学家在《英雄与英雄崇拜》中，将英雄视作社会的立法者，世界为他们而存在，茫茫人海不过是这些英雄游戏的背景与道具，英雄人物的品性与喜好成为历史的推动力。这两位热衷于缅怀古典情怀的思想家，都是普鲁塔克的追随者。还有谁比深富洞察力的普鲁塔克更善于表达英雄人物的性情与重要性呢？这位希腊历史学家在描绘了古希腊与古罗马那些光芒四射的任务之后，写道："我对书写历史没有兴趣，我热衷于那些活生生的个人。他们的表情与性格比那些辉煌的战役更能表现他们的魅力……"

从普鲁塔克到爱默生乃至罗曼·罗兰(Romain Rolland)，这些激情四溢的英雄人物是一个个鲜活与丰满的形象，我们也看到他们如何激发一代代青年意气风发地追随他们的理想。就像福楼拜(Gustave Flaubert)所说的，19世纪初的每个青年都在拿破仑的荣耀下生活。在这种追随过程中，每个追随者的生命的可能性被最大限度地打开了，那些不甘平凡的年轻心灵，看到了更广阔的世界，也看到了生命的丰富层次，更意识到自己或许可以摆脱庸常的生活常态。伟大人物可以像我们一样有喜怒哀乐，但当历史需要时，他们将毫不犹豫地表现出自己的非凡质地。

重温英雄，这是让我们摆脱消费社会所带来的庸俗平等主义的唯一有效方式。就像我在最初不满地写到的，当代社会夸张了优秀人物的表演性，让他们更像一个艺人，而非完整独特的个人。而当代人的无知，让他们放弃了与历史中的伟人相会的机会，也忘记了生命中原本壮丽无比的一面，满足于狭隘而肤浅的快乐。

所以，你会看到普鲁塔克所赞赏的罗马英雄、莎士比亚笔下的悲剧人物，在我们这个时代成了异类。因为，当代人与这些深层次的丰满人格已经相去甚远。夸张的“可爱性”、“快乐天性”成了每个人力图表现的性格。

试图挽救这种历史趋势是徒劳的，就像 19 世纪那些充满忧伤的精英一样。民众的力量正在压倒曾经的个人英雄特性，伟大的艺术看起来似乎也不再如往昔般繁荣，大众文化将高级文化挤压得无处容身……但对独立的个人来讲，这种挽救的可能性是存在的。对那些想获得更深层、更广阔的生命体验的青年来讲，通过传记、通过与历史与英雄人物为伍是令人激动的，他们使你知道了生活的更多可能性。就像梭罗（Henry David Thoreau）多年前在瓦尔登湖畔所做的一样，这位隐者声称将早晨的时光奉献给普鲁塔克是无比幸福的。

中国的惊雷

中国要么变革，要么灭亡。

——白修德（Theodore White），

《中国的惊雷》（*Thunder Out of China*）

"我们一开始就没有幻想。"《巴尔的摩太阳报》驻北京记者梁复朗（Frank Langfitt）用此来区分他与埃德加·斯诺（Edgar Snow）、白修德、史沫特莱（Agnes Smedley）们的不同。这位普林斯顿的毕业生喜欢今日的中国，她的迅速变化使未来扑朔迷离、充满戏剧性。他对此好奇，却没有神秘感与幻想。

神秘感与幻想，正是这两种情感驱动了七十年前大批西方记者来到中国。他们大多是孤独的梦想者，渴望在与西方文明完全异质的中国寻找冒险与浪漫。克里斯托夫 · 兰德（Christopher Rand）雄心勃勃、性格孤僻，一直渴望跳出个人历史，让生命融入更伟大的生活，1943 年，他作为《纽约先驱论坛报》的记者来到中国；埃德加 · 斯诺喜欢北平的缓慢节奏，与漂亮妻子在横纵交替的胡同里找到了一处安静的房子。他同情那些叫嚷抗日的中国学生，最终他决定去西部冒险，按照马克·吐温描绘密西西比河的方式，写出了《西行漫记》（*Red Star Over China*）；项美丽（Emily Hahn），这个为《纽约客》撰写中国报道的记者喜欢上海的气息，甚至还与中国诗人邵洵美陷入恋情……

就像约翰 · 里德在俄国的遭遇一样，这群最初希望满足好奇与寻求刺激的年轻人，发现他们不由分说地被卷入了中国的命运。他们开始在上海的酒吧里议论北伐，他们开始关注日本对华北的侵占。在北京饭店的最高层，他们一边跳舞一边听着卢沟桥的炮声……他们中最敏锐、最富责任感的人，已经开始意识到自己不再仅仅是一个远道而来的旁观者。埃德加·斯诺说你怎么可以看着“一个可爱的淑女遭受侮辱”；温文尔雅的项美丽看到重庆遭受日本的轰炸后给《纽约客》发回的信中说，重庆的外国记者已经逐渐形成了“对重庆的责任”；作为《时代》杂志的远东记者白修德的情绪更加激烈：“但愿我在临死之前能看到东京被炸毁……我想让那些坐在东京郊外某座山上的日本记者看到成千上万的难民狂奔乱跑，血流满地，哭声震天。”

然而，中国的问题他们却无法思考清楚。《西行漫记》《中国的惊雷》这样的著作让这些记者们获得了名声，但他们对中国却依旧困惑。对战争的义愤过去之后，他们私下却不得不承认中国面临的问题不是简单的正义与邪恶、民主与专制这样的二分法可以厘清的，也不是一个好政府可以解决的。白修德在1939年致费正清（John King Fairbank）的信中说：“一个人在中国待的时间越长，就会变得越来越迷惑……他会在善良和英勇的背后看到腐化、贪污、阴谋、政府的愚蠢，以及官僚的怯懦和贪婪，然后他开始怀疑。”

1949年后，他们全部离开中国，除了少数几个以外，他们依靠报道中国获得的短暂声誉全部结束了。当时的《纽约时报》驻中国记者德丁（Frank Tillman Durdin）在临死前的回忆中，已经开始痛恨在中国的经历。

比尔·鲍威尔（Bill Powell）生性腼腆，容易羞涩，讲话的时候像个孩子一样挠自己的头。在先后为《商业周刊》《新闻周刊》工作之后，在 2000 年年底他成为《财富》杂志第一位驻中国编辑。“这里有轰动的故事发生（There are big stories）。”像所有驻中国记者一样，比尔·鲍威尔认为中国的巨变充满诱惑。然而，他也认同这次巨变是由商业力量驱动的，而不是同行们更关切的意识形态，更不同于 20 世纪 70 年代前的中国。

1980 年进入《商业周刊》的比尔·鲍威尔用亲身经历验证了新闻业在这二十年发生的戏剧性变化。在他进入这个行业时，水门事件这样的政治内幕依然主导着新闻界，但是到了 1990 年后，商业领袖已经成为新的主角。至少，AOL 与微软之间的谈判破裂，与布什推广 NMD（国家导弹防御系统）计划一样重要。

中国正在经由文化传统进化到经济体系的过程。黄仁宇以他的大历史观认定，发生于 1949 年前的中国革命的真正意义正在于这种进化。意气风发、充满好奇的埃德加·斯诺、白修德们实际目睹的是中国文化传统的尾声，从公元前 221 年秦始皇开始的中国传统正在终结。在这种传统中，中国人没有学会在数字层面上进行管理，而以道德信念来维系的庞大官僚机构又使得中国保守而恐惧创新。形容中国像淑女一样可爱的西方记者，正是抓住了中国传统最后的喘息。但这种喘息很快就被当时中国的内忧外患所扼杀。

1985年，已经名满天下的白修德在自传中回忆在重庆的日子："我们全都是无知的年轻人，没有经验……我们生活在火山的边缘，可以看到它在沸腾，但并不是记录它的爆发，我们心里很清楚新的景观正在形成，并能感觉到岩浆很快就会冲天而出。"今日的梁复朗与比尔·鲍威尔其实正在感受岩浆冲出之后的中国。火山喷发的真正意义并非是埃德加·斯诺眼中的革命童话，而是中国传统的转型。我们终于学着抛弃沿用了两千多年的传统，开始尝试用现代西方思维方式来解决问题，我们不再迷恋文化上的意识形态，而是经济管理规则。我们的面前依旧困难重重，但除了更加勇敢地走下去，别无选择。

他们这样缔造了 CNN

就是到了世界末日这一天，CNN 也会在现场报道，并以此语结束："上帝离你更近了。"

——泰德·特纳，CNN 创始人

过分刻薄的乔姆斯基（Norm Chomsky）说，海湾战争是由 CNN 与五角大楼共同主导的一场虚拟战争，其实从未发生过，CNN 仅仅是把军方模拟练习拍成了录像带放映给公众看。这种过于虚无与耸人听闻的说法，从一个侧面反映了 CNN 在 1991 年因成功报道海湾战争而达到声誉巅峰期时所具有的惊人影响力。CNN 的主持人比指挥官柯林·鲍威尔（Colin Powell）更具影响力，白宫要通过 CNN 的前线记者而不是五角大楼得到一线消息。

十年后，当时代华纳与 AOL 合并后，这家声誉卓著的有线电视公司裁员四百人，而 MSNBC 与 FOX 公司在国内新闻部分的卓越表现，也让 CNN 逐渐失去最初的夺目光彩。它的主人泰德 · 特纳也不复当年的敏锐，对于在合并后公司里越来越萎缩的权限而心生不满，并透露出将离开 CNN 的意图。尚福礼（Reese Schonfeld）出版的回忆录隐隐暗示了 CNN 正在失去其最初的生命力。这位被特纳一脚踹出门的 CNN 的共同缔造者除了对自己的遭遇耿耿于怀外，更让我们重温了二十年前这项新闻史上空前革新的激动人心的时刻。他现在依然清晰地记着，1980 年泰德 · 特纳如何拍着他的肩膀信心十足地对 CNN 员工说：“我们两个要成为全美最有实力的人。”泰德 · 特纳与尚福礼的合作注定充满激动与悲剧色彩。前者因为私带女友进入男生宿舍而被开除出布朗大学，后者则由于赌博被哈佛法学院驱逐。二人皆属脾气暴躁、冲动型领袖人物，在招募新兵和领导高能力、无限忠诚、具有强大奉献精神的追随者方面具有超凡能力。特纳狂热地钟情于改变世界，而尚福礼则是电子新闻的先驱人物，“一谈起新闻则激动得像另一个人”。

1978年，当特纳询问尚福礼是否愿意参与创办有线电视新闻网（CNN）时，二人都清楚这是一场充满刺激的赌博，特纳为此贡献了全部财产，而另一位则成为该项事业的直接执行者。

用新闻记者的眼光看来，建立CNN的过程就像观看一场摇滚演出。当泰德·特纳用他那一贯好大喜功的口吻向外界宣称CNN将于1980年6月开播时，公司除了名字与有限的几个员工外，几乎什么也没有。尚福礼马不停蹄地从各大电视台如CBS、ABC、NBC等挖墙脚，给他们以不知是否可以实现的空头许诺，还要制定一种全新的电视节目编排——从未有一个电视台二十四小时播出新闻，而这可是需要一些新的形式，此外，他还得在平地建成一座新的大楼，里面要有全开放式的演播厅……他们的财政还有着几千万美元的缺口，而这需要特纳用他那张永远夸张的嘴巴去说服别人投资……

在离CNN正式开播不到九十天时，尚福礼意识到至少还需要一百名员工，可是预算已不允许他再招人了。于是，CNN的杰出人物们开始到全国各大学鼓吹，为那些即将毕业的新闻专业大学生提供廉价但难得的工作机会。于是，一百名毫无经验的毛头小子满怀热忱地来到 CNN 所在地亚特兰大。公司为这些荷尔蒙过剩的家伙们租下了汽车旅馆，还开办了 CNN 学院，以便在六十天内将这群除了交女朋友什么也不会的小伙子们训练成新闻专家，因为只有他们学会使用机器，CNN 才可能准时开播。

小伙子们每天工作十几个小时后，就开始彻夜狂欢。他们几乎将汽车旅馆视作另一个伍德斯托克，摇滚乐、性狂欢与大麻帮助他们缓解白天的压力并刺激来日的灵感。他们的指挥者之一、杰出电视人卡瓦诺最喜欢对这些学生说："不要去管这件事有多么难做，也不要管你要犯多少错误，你们应该记住一点，那就是你们正在创造历史，你们会因此而被载入史册的。"

他们的确被载入了史册。当 1980 年 6 月 1 日，CNN 的摄影镜头华丽地扫过纽约、洛杉矶、加利福尼亚等地时，这些年轻的小伙们像特纳一样提醒自己：电视史上还从未有人将这么多遥远的事件组合在一起。

尚福礼在回忆录里并没有夸张，他可能是 CNN 真正的建造者。今日 CNN 的一切——从大楼设计到节目形式，都是他最初设定的。他提出了滚动新闻概念，寻找到了最初的记者与编辑……比起他，特纳简直就是新闻白痴。但是，尚福礼忘记了支票是特纳签署的，忘记了特纳的处世哲学——“我来领导，要么跟着我，要么滚蛋”，忘记了特纳是领导者，而他是执行者。在为期两年的蜜月期后，不愿意跟随别人的尚福礼被踢出了门，毫无温情。而在CNN的十周年庆典上，他的名字还被冷漠地拼错了。

尽管今天CNN的观众已经比高峰期递减了百分之七十，尽管尚福礼嘲笑CNN现任总裁汤姆·约翰逊（Tom Johnson）的无能——特纳终于选择了一位比他更不懂新闻的负责人，也尽管今日CNN被广泛地攻击为“迟钝”与“致命的肤浅”，但还是拥有着无可匹敌的声誉……

泰德·特纳在CNN的十周年庆典上说：“我感到有责任搞清楚世界正在发生什么事，这就是我开办CNN的原因。”但即使知道了早晨莫斯科发生了火灾，中午智利发生了兵变，而晚间刚果又出现了种族屠杀，你是否就更清晰地了解世界呢？CNN之所以影响深远，是因为它提供了一种新鲜不断却疲惫不堪的视角，记者与观众共同卖力却不知重点地关注每一件事，我们都成了新闻癖，恐惧错过任何事。这种CNN哲学的背后是泰德·特纳与尚福礼被“死亡的焦虑”压迫的永不松弛的神经。

就像批评家们强调的那样，CNN只有“一英寸厚”。它过分迷恋挖掘所有事实，却忘记了观察事实背后隐藏的内涵。就像泰德·特纳马不停蹄地更换漂亮女人，却忽略了漂亮女人共同的特点。特纳与他的CNN都恐惧深层思考，过分偏爱行动。而这种CNN倾向已如传染病般席卷了新闻业。在这二十年间，我们看到所谓的新闻记者职业精神，已被片面地理解成在战场上不顾生死，或者为了抓拍死亡镜头而放弃人道精神……

CNN的衰落某种程度上印证了世界正在“CNN化”。CNN开创的横扫世界的镜头，已经变成新闻业的基本常识。但是，即使所有的新闻网都毫不停息地挖掘每一个事件，世界也并未像特纳所说的那样被“看得更清楚”，反而有越发迷惘混乱之嫌。CNN是疯狂与冒险的产物。像丘吉尔、海明威、罗斯福、巴尔扎克一样，泰德·特纳与尚福礼是狂躁抑郁症患者，他们常常受控于强烈的冲动，满脑子都是改变人类的伟大计划，并想以此来对抗生命中无时不在的沮丧感与越来越紧迫的死亡感。正是这种对抗产生了夺目的光彩，产生了《老人与海》，产生了激动英国人民的战时演说，也产生了CNN这样的电视台。

这并不妨碍尚福礼的回忆录给我们带来的兴奋与快

乐。我们仿若又看到亚特兰大那群热血沸腾的年轻人试图改变历史的热忱，又看到了特纳与尚福礼被这个伟大的创意刺激到血脉偾张的模样……我们可能永远也无法搞清楚世界的模样，但 CNN 的创办者们提醒我们，形而上学式地否定生命的意义是无聊的。重要的是，你必须要让自己为某个具体事件而激动，你要在战胜困难与完成不可能的任务中寻求到生命的至高快感。

隐藏在利润下的分裂

我们现在的确已不是普通的媒体公司，而是一家真正特别的公司。

——杰拉尔德·莱文，

AOL—时代华纳首席执行官

2001 年 1 月 11 日，当 AOL 与时代华纳正式合并后，《纽约》杂志的媒体评论家迈克·伍尔夫（Michael Wolfe）将这家拥有八万五千名员工的庞大公司比作美国。两家公司迥异的风格与传统，正如民主党与共和党间的裂缝。当侥幸获胜的布什在 1 月 20 日的就职典礼上竭力宣称要弥合选举带来的国家分裂时，同样侥幸的 AOL 管理层也为如何用互联网速度改组旧公司而头疼不已。2000 年 1 月 10 日，斯蒂夫 · 凯斯与杰拉尔德 · 莱文在镜头前相拥时，这场“不对等婚姻”招致的怀疑并不亚于惊叹。有着七十七年历史、拥有《时代》、CNN、HBO 这样杰出品牌的全球第一大媒体公司，为何投入只有十五年历史、销售额只有它十分之一的 AOL 的怀抱？一心追逐利润、野心勃勃的斯蒂夫·凯斯、罗伯特 · 皮特曼（Robert Pittman）能否理解编辑独立原则，艺术家与导演的创意？不系领带、大大咧咧的 AOL 技术人员与喜欢谈论政治、戏剧、诗歌的杂志高级编辑们能否和谐相处？……

三个月后，布什的无知与傲慢令美国蒙羞。而 AOL—时代华纳在 4 月 18 日公布的新公司第一季度财务报表却令华尔街惊喜不已，更令备受萎靡广告市场迫害的旧日伙伴雅虎公司黯然失色。第一季度的收益比 2000 年同期增加百分之九，达到九十一亿美元，净收入二十一亿美元。联合首席运营官皮特曼掩饰不住狂妄，这位公认的野心家的名言是 :“让 Internet 的力量进入公司的每一个角落。”运用 AOL 的网络系统，他的确成功使《时代》增加了五十万订户。因出卖公司饱受诟病的杰拉尔德 · 莱文如今说 :“作为新公司，没有人比我们表现得更出色……杰出的报表已表明我们的管理团队有能力推进共同的目标。而且，这仅仅是开始。我们的事业已经合而为一，为股东们提供短期与长期价值……”美林证券分析师科恩评价道："在如此困难环境下，的确振奋人心。”

与此同时，公司最大的私人股东泰德·特纳对《纽约客》杂志说："我被解雇了。”这位 CNN 创始人曾经对两家公司的合并兴奋不已——简直与四十二年前第一次做爱一样刺激。但今天。他对于在这家庞大公司内权限越来越小的职位（董事局副主席）不再满意。

特纳的辞职暗示了赏心悦目的财务报表下依然存在强烈的冲突。1993 年成为最高首长的莱文似乎从未有效地管理过时代华纳公司。这家媒体公司的杂志、出版、音乐、电影业、有线电视等五大部门，长期以来各自为政。身材矮小、不修边幅的莱文 20 世纪 70 年代进入时代出版公司时显然并不愉快。在亨利·鲁斯创办的出版王国里，毕业于哈佛耶鲁、衣冠楚楚、满口世界局势的杂志编辑们拥有至高无上的特权。莱文进入的 HBO 部门只是个配角。推崇新闻理想高于利润的鲁斯，曾经拒绝购买制片厂，他在备忘录中写道，如果介入休闲业，他宁可选择赛马或赛狗，但“拒绝利用电视提供麻醉人心的服务”。

当时代出版公司与华纳公司于1989年合并时，不喜欢出风头但心机甚密的莱文已经成了时代公司第三号人物，并成为这次并购活动的主要执行者。这次合并不仅意味着世界最大媒体公司的出现，还涉及我们所有的精神生活领域；同时，它也暗示了一个时代的终结。时代集团由新闻出版公司转变成一个娱乐业巨子。影响了公众七十年的亨利·鲁斯式媒体理念严重褪色。新公司的主业集中在“麻醉公众心灵”的电视、电影、流行音乐行业。

1993年，公众形象不佳的莱文终于等到了执掌公司的机会。这是一位迷恋技术的首席执行官，他一直坚信技术将深刻地改变媒体与娱乐业。就像HBO电视台终究会占据杂志业曾经拥有的优势地位一样，他相信互联网在未来就意味着一切。但他试图建立的门户pathfinder.com却遭到空前的失败。

1996年，莱文许诺给传奇人物泰德·特纳董事局副主席的职位，从而使CNN变成时代华纳的一部分。精力过剩、一刻不停歇的莱文自己也得承认，这个无所不在的媒体公司的确就像“神圣罗马帝国”，在光荣的名字下，是根深蒂固的封建制。时代华纳从来就没有成为一家统一的公司。在鲁斯时代，这位族长人为地造成了经营部门与编辑部门之间的对立；在20世纪70年代，有线电视业与杂志业就相互敌视；而与华纳公司合并后，精英意识强烈的时代公司与娱乐味过重的华纳同样无法融合……

所以，虽然掌管着世界上最大的媒体公司，莱文的名声却无法与新闻集团的默多克、维亚康姆的雷石东相比。人们总觉得，莱文不过是一个过渡人物，在与CNN合并后，舆论甚至认定特纳必将取而代之。

在dot-com点石成金的1999年，莱文开始思考与AOL合并的可能性时，但这肯定不仅是为了给低迷的时代华纳公司股价以刺激，更因为他坚信技术必将改变一切，同时希望引入AOL来彻底改变时代华纳四分五裂的状态。

AOL长期以饥饿者形象示人，它如此喜欢新事物，如此迅速地改变自己的经营方针。与傲慢、迟缓的时代华纳公司截然不同，AOL总是被一种迫近死亡的紧张感控制着，对失败缺乏任何容忍，公司上下像永动机一样协调。

两位主要人物斯蒂夫·凯斯、罗伯特·皮特曼是新商业世界的典型人物，野心勃勃甚至不择手段，极端推崇新事物。前者是战略家，而后者是精明的执行者与厚颜无耻的宣传者。皮特曼是 MTV 电视台主要市场推动者。当 AOL 收购了网景后，这家曾被认定必将被微软致死的公司，成为新经济的真正领袖，它似乎就是创新的代名词。

凯斯与皮特曼做梦都渴望达成这个协议。他们不都梦想着缔造世界上最庞大的传媒公司吗？这个公司将无所不包，渗透入每个家庭的日常生活。更重要的是，时代华纳杰出的内容将为他们的用户提供永不枯竭的娱乐。

新公司的一头将通往历史深处，那是鲁斯与哈登在印刷厂房里编辑《时代》的爵士时代；另一头通往遥远的未来，网络成为一切行为的核心。鲁斯在 1941 年的《生活》上撰文称 20 世纪是美国世纪，美国式价值观念将彻底改变世界；凯斯则宣称“欢迎进入 Internet 世纪”，AOL 的价值观念将再次重塑世界。

莱文的挫折感以及凯斯与皮特曼的兴奋形成鲜明对比。dot-com 泡沫破灭后，时代华纳员工更深深觉得自己被出卖了。他们受不了 AOL 暴发户的模样，更受不了他们试图将残忍的效率引入时代华纳公司。

曾经悬挂在时代生活大楼三十四层的亨利·鲁斯的画像如今被放在凯斯的办公室里。公司新主人为此说明道："其一，尽管我是个互联网迷，但同样喜欢杂志业，杂志仍将在新公司扮演重要角色；其二，鲁斯、杰克·华纳（Jack Warner）与泰德·特纳都是伟大的创新者，他们是公司的重要遗产，在新公司应得到尊重；最重要的一点是，亨利·鲁斯坚持公司不仅是为股东同样也是为公共利益服务的，我赞同他的远见。"

不管凯斯多么赞同鲁斯，但一直深受鲁斯宠爱的杂志编辑们突然发现自己的特权正在消失。1989 年与华纳公司合并，各个部门间的各自为政，保证了这种特权。而现在，《人物》杂志被告知，今后该杂志作家相互请客的费用将不再由公司承担；周末，公司也不再为杂志编辑提供丰盛的宴会。编辑部的冰箱里不再塞满果汁、各种食品，叫比萨的数量也将被控制。

杂志出版部负责人唐·劳根（Don Logan）说，AOL 人太急于改变时代华纳的风格，而这种急切加剧了对立，就像时代人对鲁斯画像的移动极度敏感一样。为了刻意表现出与举止随意、沉溺于技术的 AOL 人的不同，时代华纳人故意系上领结或领带以显示身份。

文化创造需要的是环境的宽松，编辑封面故事，拍摄电影与写作歌曲需要的是创意，是散漫，它们与效率存在着天然的冲突。时代华纳人很难习惯统一式管理，况且是被一伙缺乏历史感与幽默感的家伙管理。当莱文、凯斯与皮特曼试图弥合技术与文化之间的鸿沟时，他们遭遇的挑战可想而知，耐心与天才都很难解决问题。

超越预期的财务报表并未能安抚时代华纳深深的被出卖感。财务报表后面是被裁减的两千名公司员工，其中大部分来自时代华纳，当然还有从《人物》编辑嘴里节省出来的比萨。而在公司管理层上，AOL显然也占据了绝对的主导。凯斯是主导方向的董事局主席，莱文是其下的首席执行官，皮特曼负责全部有巨大收入的业务，而来自时代华纳的另一位首席运营官帕森斯（Richard Parsons）接管的则是不赚钱的图书出版、电影制作等部门。

时代华纳公司已经弥漫着对莱文的指责。但仅仅从文化角度来批评莱文的决定是不够公正的。一位资深人士说："莱文非常聪明，他把全部都奉献给公司，这一点没人可比，他一直在思考如何转化旧式媒体公司的战略，他需要抚慰华尔街，全力为股东创造价值。"在莱文管理期间，时代华纳公司的收入增长了六倍。

新公司在第一季度的表现，也的确证明了新旧媒体的融合并未失败，节节上升的广告额更彰显出AOL的线上优势与时代华纳的线下优势结合的巨大收益。一年前当合并的消息传出时，新技术支持者认定 AOL 将被官僚作风严重的时代华纳拖垮，失去其创新能力；而媒体批评家则指责，并购意味着几家巨型公司将控制世界舆论，而编辑独立原则誓必遭受公司商业利益的严重挤压。而公司文化上的巨大差异被判断为最棘手的问题。不管是 AT&T 收购 TCI，还是迪斯尼收购 ABC，或是通用电气控制 NBC，这些交易的复杂性与影响力都无法与这次并购相比。

凯斯、皮特曼与 AOL 已经成为最大的赢家。他们尽可以嘲笑曾经质疑这场并购的分析师，这次行动不仅使他们平安地渡过了“纳斯达克风暴”，更使他们赢得了无限宽广的未来。而尽管莱文依旧备受指责，但财务报表也同样暗示了他的决定在商业上可能的确是成功的。当然，还有一场残酷的权力斗争在等待他。所有的分析家都认定，好大喜功的皮特曼将在几年后接掌这艘巨船，莱文不过是过渡一下罢了。但是老谋深算、有着鲨鱼般面孔的莱文已经战胜了尼古拉斯（Nicholas J. Nicholas）、罗斯（Steve Ross）、特纳，在几次并购后牢牢地把握着位置，谁又能完全不相信他在这次行动中将再次不动声色地掌握全局，或许不用几年 AOL 将再次证明它不过是时代华纳公司的一部分？

对于观察家与大部分时代华纳公司员工来说，这次并购意味着一个时代的正式终结。那些曾经的创新者，不管是创造过《时代》《财富》的鲁斯还是缔造出 CNN 的特纳，都要让位于创造了 AOL 的四十二岁的凯斯与创造过 MTV 的四十六岁的皮特曼了。

时代杂志部门总编辑诺曼·珀尔斯坦对于亨利·鲁斯画像的变化心怀乐观，这表明凯斯依旧尊重老传统。但在鲁斯的时代里，媒体的教化作用与理想观念高于一切，而在 AOL—时代华纳时代，娱乐业的赚钱作用是唯一的目标。这两位不同的创新者，正表现出两个时代的巨大差异。

第一季度的财务报表并未能完全掩饰依旧存在的文化裂缝。对于这场并购做任何结论都为时尚早。但有一点，我们都乐于承认，AOL—时代华纳的确是一家称得上伟大的公司。《华盛顿邮报》这样描述道："在美国家庭晚间，母亲在欣赏着时代华纳的电视节目，儿子在 AOL 上冲浪，女儿在另一台电脑上查询华纳兄弟公司的新影片，而父亲则在书房阅读《时代》《体育画报》与《财富》杂志……"这样一家公司，除了伟大，还能用什么词来形容？

一份好杂志：《爱丁堡评论》

> 现代人必须被简短地告知应当想什么。这毫无疑问，他必须被告知……开启这一制度的《爱丁堡评论》(*Edinburgh Review*)，堪称是英国适合于明智之士观点的大题目的开先河者。
>
> ——沃尔特·白芝浩（Walter Bagehot）

启蒙运动促成了杂志业的开端。当18世纪和19世纪的欧洲才子们不满足于仅仅向沙龙里的同志宣讲对世界的崭新观念时，他们开始渴望通过周期性的出版物来展现自己的理念。杂志成了最佳选择，它比报纸更具深度，比书籍更有时间感。创办于1802年的《爱丁堡评论》是一个典型例证。四位创办人相当年轻，都是有着良好修养的穷书生，是致力于打破传统的新型知识分子。他们试图让亚当·斯密（Adam Smith）的经济学观念、大卫·休谟（David Hume）的哲学思考、彭斯的诗作进入普通阅读者的视野。他们选择了充满生命力的语言叙述形式，更重要的是，这本杂志从一开始就摆脱了低级商业模式的奴役，坚持自己的观点与写作方式。这本标价昂贵的杂志（每本五先令，只有富裕的人才买得起）迅速赢得了正在崛起的英国中产阶级读者的青睐。他们惊喜地发现，这本观点独立的杂志让他们更迅速、深刻地了解到人类智力的新进展。谈论《爱丁堡评论》上的文章，成了 19 世纪初英国有教养家庭的日常练习。

《爱丁堡评论》、《威斯敏斯特评论》（*Westminster Review*）以及更早些的《旁观者》（*The Spectator*）、《闲聊者》（*Tatler*）构建了近代杂志业的开端与繁荣。它们对启蒙运动所带来的“资讯爆炸”进行了梳理，给成熟的阅读群体提供了简洁而富有深度和趣味的分析，并因此获得了成功。但此时的欧洲经济还无法承载更大规模的阅读群体，真正的大众文化时代直到 20 世纪 20 年代的美国才来临。但 19 世纪的《爱丁堡评论》已经彰显出一本好杂志的一切要素：对新的知识领域进行探索；

选择新鲜而非陈腐的语言方式；主办者为知识精英，但长于与普通人交流；编辑方向由编辑本身而非短视的商业利益所驱动；具有独立精神；力图改变现实，而非迎合现实。

现代杂志业的基础奠定于20世纪20年代的美国。这是另一个资讯扩张时代，广播、电视、电影都于此十年间出现。《读者文摘》《时代》《纽约客》《财富》《商业周刊》都也诞生于此期间。尽管这些杂志的创办人不比《爱丁堡评论》编辑们更具才智，但他们无一都是当时的叛逆者与革新者，将新闻业纳入专业化的轨道，把"编辑记者"这一含混的工种职业化。这些杂志的创始人在关注发行量与广告收入的同时，也毫不懈怠地使自己的杂志发出独特的声音。《时代》竭力让更多的美国人了解世界局势；《纽约客》尽量传达爵士时代的新精神；《商业周刊》与《财富》则强烈地关注一直被人们忽视的商业力量的崛起（我个人认为《读者文摘》是一本成功的杂志，却不是好杂志，因为它对读者更多的是迎合而非提出建设性的观点）。这些杂志与其他力量共同奠定了现代美国人（甚至现代世界）的精神生活。当然，这些杂志已不具有《爱丁堡评论》那样浓重的理想色彩，但对于商业的关注却保证了它们可以长期地生存下去。今天的这些“大众杂志”,在最初都是“小众杂志”,都因与众不同的个性而获得成功。

在这里,我需要重申“好杂志”的概念。自18世纪起,杂志便分为不同种类。《爱丁堡评论》偏重于针对有教养的读者,也同样有一些低级杂志适合于低级受众,它们可能也大受对应读者群的欢迎,都是成功的杂志,但却只有前者才是“好杂志”。在这个名词背后,是我坚持的文化具有高级、低级之分的等级制度。我在文章中所强调的理念同样来源于启蒙运动时期的才子们,这种理念尊重人们的智力生活,相信这个世界具有崇高的情感,相信艺术的力量,强调心灵的力量可以改变现实的粗陋,更坚信人是一切活动的中心,人的天才与创造性高于一切……所以,“好杂志”是那些可以呼唤出人的崇高情感,激发出人的创造性的杂志,而非那些仅仅靠迎合于人的低级需求、麻醉人的智力生活而获得成功的“成功杂志”。

美国的杂志业在二十世纪四五十年代达到了顶峰。《时代》这样的新闻杂志对美国政治具有令人生畏的影响力,而《纽约客》及更早的《大西洋月刊》《哈泼斯》(*Harper's*)构成了美国人主要的“文学生活”,《财富》《福布斯》《商业周刊》则是逐渐浮出水面的工商界的观察者……从 20 世纪 50 年代开始，伴随着电视的普及，杂志的黄金时代开始褪色，阅读文化似乎正在逐渐让位于视觉文化。而杂志市场也开始逐渐细分，杂志本身也越来越实用化，甚至开始为读者提供日常指南。比如教女人如何穿衣服的“时尚”类杂志，可能就有十几种之多；而“男性杂志”“色情杂志”“技术杂志”“地理杂志”“经济杂志”等，这样不断细分的类别让杂志业继续繁荣，但它们都并非“好杂志”，而更像手册型的“生活指南”。

我所说的“好杂志”仍然局限于那些趣味广泛、蕴含着智力含量的杂志（英文为 general interest）。这样的杂志在网络与电视业的共同夹击下，显得越来越不合时宜，因为它们不够“专业化”，无法对某一个细节进行深入报道。（这样的杂志包括《时代》《纽约客》《大西洋月刊》《哈泼斯》《纽约时报书评》《泰晤士报文学增刊》……）但正是在此时，这些“好杂志”才突显出其无比的重要性。

当代人已经不再读书，而是更倾向于电视画面。但是，文字比画面更能激发人们的思考是不言而喻的。作为当代人唯一阅读的内容较长的读物，杂志比报纸更具有设计感，而且还可能是唯一能够将艺术与思想结合在一起的出版物，所以其强调的智力练习与美学欣赏也就成了普通读者接受“自由教育”的唯一有效渠道。于是，一个好的杂志编辑，必须同时是一位精通文学、思想与艺术的通才，能为读者提供一种整体的思想性与艺术感。

一本“好杂志”必须担负起在网络、电视、报纸共同制造的资讯垃圾中披沙拣金的重任，并知道如何将有修养的写作与高级艺术趣味传达给读者。对于一位普通读者来讲，拿起一本“好杂志”，就意味着进入了一个美妙且奇妙的世界，沿途会不断感受到那些新奇事物，不断让自己的精神处于兴奋状态，并能够最大限度地调动起自己的脑神经。而在阅读完毕后，一种情感将激发他去创造，去享受生活，去关注世界，去同情弱者，去尊敬艺术、思想与文学……

好了，你肯定会嘲笑我这些看似毫无边际的幻想，但这正是一本“好杂志”所应具有的重要元素——“好杂志”从来都是不安分的，它的一切努力都是要挑逗起你对生活更崇高、更伟大、更丰富的欲望。

新经济杂志运动

我们似乎可以相信，美国加州历史学家温斯洛（Ward Winslow）在1995年出版的《硅谷的创造——一个百年之久的文艺复兴》（*The Making of Silicon Valley–A One Hundred Year Renaissance*），是曾经风起云涌的新技术公司的重要强心剂之一。谁能拒绝这样的诱惑？文艺复兴满足了那些底气不足的首席执行官们渴望得到“历史性地位”的情结。他们大可在单独相处时将自己的成就比作拉斐尔或者米开朗琪罗的贡献，因为他们的软件同样在改变我们这个世界。像文艺复兴时期一样，他们将商业与文化如此恰到好处地结合在一起，他们本人甚至比当时的达·芬奇与薄伽丘（Boccaccio）更加声名显赫与富有。

在纳斯达克指数屡创新低的今天，这种信念越来越令人怀疑，却也越来越被那些首席执行官们不容置疑的肯定。就像惠普“中世纪历史专业”毕业的首席执行官菲奥莉娜在股价大跌时依然强调的——今天是中世纪最后的黑暗，数字文艺复兴必将到来。

在媒体理论先驱马歇尔·麦克卢汉（Marshall McLuhan）看来，结束中世纪黑暗的并非是文艺复兴事件中的那些大师们，而是古登堡发明的印刷术，印刷术所带来的资讯革命使得民众打破了教会对知识的垄断。热衷于为狂热降温的管理学大师彼得·德鲁克在此“阴险”而不动声色地说明道，在上一次资讯革命中，最有势力的是那些印刷厂的开办者们，他们获得了巨额的金钱与如日中天的名誉，与贵族大公平分秋色。

于是，新技术公司的首席执行官们不得不尴尬地面临这样一个现实：他们可能更类似于16世纪的印刷厂厂主，而非那些伟大的艺术家与诗人。在风行了二十年之后，前者伴随着印刷术的普及化而逐渐没落，因为他们仅仅是占据了新技术的先机，缺乏真正的创造力，尽管这种新技术可能与新文化有着密切的联系。

而事实也证明，在这场淘金热或文艺复兴中，最明显的受益者的确是那些“印刷厂厂主”——新经济杂志。他们先是为这场文艺复兴寻找各种自我吹嘘的借口，然后为好大喜功的首席执行官们营造出一种“新革命氛围”——新规则、新领导、新技术、新商业、新公司——新经济杂志的记者编辑们促成了商业新闻前所未有的繁荣，也让商业行为成为似乎与每个人都相关的活动，同时也造成了杂志史上罕见的虚假成功——尽管这种成功正逐渐褪色。

让传统新闻业目瞪口呆的是六本富有传奇色彩的杂志的厚度。在鼎盛时期，*Red Herring* 每期的厚度达到了四百四十个页码，重达一磅多，而 *Business 2.0* 的页码则是四百四十四页，重量则增至二磅三点五盎司，而作为周刊的《行业标准》当月页码为一千零九十六页。另几家新经济杂志如 *Upside*、《连线》、*Fast Company* 的厚度与重量同样让传统杂志《名利场》《时尚》（*Vogue*）心惊不已，因为厚度即意味着广告量。传统的时尚杂志曾经为达到四百个页码而兴奋异常，因为这意味着广告厂商的蜂拥而至。2000 年第一季度的广告销售表明，《行业标准》的销售额已经达一千三百八十万美元，超过显赫的《财富》杂志的一千两百万美元。

很显然，从 1998 年到 2000 年年末，前面列出的六本杂志占尽了媒体风头。尽管传统商业报道巨人《财富》《福布斯》《商业周刊》《华尔街日报》自1995年的网景革命以来大幅度地增加了对于“dot-com”的报道，但这六本杂志由于其故作姿态与自我标榜而更合乎新经济公司的口味。同时，这六本杂志更加鲜明的姿态是，它们不仅是商业报道杂志，更是生活方式杂志——新技术不仅与商业有关，更在改变我们传统的思维习惯与为人态度，就像本文最初提到的，与数字文艺复兴时期的艺术与文化有关。所以，它们同样也对传统时尚杂志产生了威胁。首席执行官们除了商人的身份以外，还是最大的时尚制造者——他们散漫的穿着方式、自由主义办公室哲学，还有三十岁就退休的宣言都是我们这个时代最抢眼的时尚。

不管这些杂志的编辑们多么努力地标榜自己杂志的与众不同，阅读者都清楚，这些杂志不管在报道题材还是报道语气上都近乎近亲。每个月这些杂志加起来几千页的内容构成了新技术公司的领导们主要的阅读生活。甚至远离硅谷两万公里的中国“dot-com”精英们也以阅读此类杂志来标榜自己与世界同步。就像20世纪40年代一板一眼的企业领袖在客厅内放一本很少阅读的《财富》杂志一样，今天的技术精英们热衷于在办公桌上堆满这些能够砸死人的杂志。

他们当然没有时间读这些杂志——就连这些杂志的编辑都乐于承认。这些杂志每月的内容量相当于两部托尔斯泰的《战争与和平》，太长了。阅读者与编辑甚至都不在意杂志到底在报道什么。新闻的价值曾经在于向更多的阅读者提供他们无法知晓的信息，而这些新经济杂志却几乎只会讲述所有公众已经知道的东西。由于不可抵挡的扩张速度，编辑们往往重复性地报道一些题材，新闻质量无法保证。

Business 2.0 自己都承认，他们甚至已经开始重复使用 1998 年的题材了。但似乎谁也没有在意这一点。谁在怂恿这种倾向？答案是新技术公司自己。

从 1999 年开始，大批的风险投资涌入新技术领域，那些凭借一个漂亮的商业计划书就拿到千万乃至上亿美元的年轻创业者们必须想办法把这些钱体面地花出去。广告成了诸多体面方式中最没有争议的一种。所以喜欢故作姿态的首席执行官们选择了语出惊人的新经济杂志，他们合谋将“新经济神话”泡沫吹到一个新的极限。他们共同的姿态就是：“我们在重新书写历史。”尽管他们都不太读书，但他们为彼此提供了身份象征，并在公众面前不断强调这一身份——数字文艺复兴的倡导者。

这种姿态有着致命的诱惑，就连时代集团也关闭了《生活》，而选择了 *eCompany Now* 作为新的发展方向。这本杂志的创建者毫不掩饰对新技术革命的仰慕与追逐。同时，另一本老牌计算机杂志 *PC Computing* 也为了赶追电子商务潮流改刊为 *Smart Business*。

当然，纳斯达克指数的疲软已经让这些新经济杂志感到几年以来罕见的寒冷，它们的广告页已经一跌再跌，因为“dot-com”们已经没有钱投入广告了。但这或许是让喧嚣一时的新经济杂志成熟起来的契机之一。就像“dot-com”们要让自己重新回到地面成为一家正常公司一样，这些迅速膨胀的新经济杂志也必须学会提供更严肃的报道，这是杂志成功的前提。

当然，信誓旦旦的编辑们不这样看。《行业标准》集团的首席执行官约翰 · 巴特利（John Battelle）更喜欢将自己的扩张速度与 19 世纪 50 年代前出现的大众媒体的崛起速度相提并论。那几十年内，《时代》《财富》《商业周刊》《福布斯》出现了，路透社开始提供商业新闻，而格伦西尔出版公司也开始大规模出版商业书籍……那么，今天呢？这位首席执行官愿意使自己和同行们相信，他们正在改写商业报道的历史，也正在改变媒体的形态。这些新技术杂志一直在强调，自己并非一份杂志，而是网站、会议主办者、分析提供者，是新型的咨询公司，能为企业提供全套意见服务。

但令人遗憾的是，不管是它们的杂志还是网站，都与传统的商业报道巨人相去甚远。*Upside* 的发行量不过二十万册，其中相当部分为赠阅，虽然其他几本杂志同样通过赠阅来增加发行量，但也仍然远远落后于《财富》杂志的八十万发行量。并且，它们网站的访问量也同样处于这些传统杂志网站的阴影下。

当然，它们会说自己仍然年轻，毕竟《财富》《商业周刊》通过七十年才达到今天的地位。但前提是，它们要开始学会将自己的杂志与网站的主要精力放在如何吸引读者、寻求深度报道上，而不仅仅是为那些想欺骗风险投资家的新公司领袖们服务。而且，那些一时冲动的人不正在痛苦不堪吗？

文艺杂志的理想

1993年，《纽约客》的新主编蒂娜·布朗在大胆引入青春、嬉皮风格后，仍无力地看到《纽约客》的读者群在年收入六万美元、四十岁上下的群体中执着地徘徊——它不能满足老板萨缪尔·纽豪斯寻求更富有、更年轻、更具广告价值的阅读对象的要求。

抱怨则相伴而生——“我们希望在这里读到别的地方无法提供的东西”。一直以来，《纽约客》在提供什么？哈罗德·罗斯这位经典的、不拘礼节的乡巴佬，却要命地迷上了纽约风格。20世纪20年代的纽约，正致力于取代伦敦成为新的世界中心。无线广播、电影、T型车、华尔街的牛市使1920年代的纽约生活富足、喜气洋洋。如果你愿意寻找个性与忧伤，可以尽情沉醉在爵士乐与菲茨杰拉德的小说里……在罗斯看来，纽约的城市生活让正在消失的村镇式美国相形见绌，后者是美国著名作家辛克莱·刘易斯（Sinclair Lewis）笔下的《大街》：乏味、暗淡、褊狭……

于是，罗斯这个喜欢在阿尔贡金饭店中与专栏作家、记者们聊天、打牌、开一些低俗玩笑的家伙，最终在1925年出版了《纽约客》杂志——一本着力描绘纽约新兴文化生活、强调一种新颖的幽默感的周刊。对于自己略显土气的长相耿耿于怀的罗斯觉得，幽默感是大都市的象征。

没有人比E. B. 怀特与詹姆斯·瑟伯更能彰显《纽约客》的气质了。前者总是略带忧伤，力求文字尽善尽美，而后者则深谙嘲讽能让世界变得更富有趣味。当面对越来越庞大、复杂的世界时，一颗敏感、羞涩又略带骄傲的心灵该怎么办？《纽约客》继承了法国人蒙田的气质——承认自己的弱点，并一笑置之。

《大西洋月刊》《哈泼斯》《纽约书评》《泰晤士报文学增刊》《纽约客》，这样的文艺性杂志姿态各异，关注的方向或偏于思想，或偏于文学艺术，甚至政治，但它们无疑都突破了狭隘的专业限制，将视野扩大至整个知识领域。你可以称其为知识分子杂志，但是它们又摒弃了学院派的艰涩与狭隘。文化发明的过程，是人类摆脱野蛮的过程，是理性取代褊狭的过程，也是摆脱了物质困扰的人们寻求心灵慰藉、满足永无休止的好奇心的过程。

《纽约客》成熟的过程就是纽约与纽约市民成熟的过程，同样也是美国从欧洲人口中的“野蛮人”变为在世界文化中占据领先位置的国度的过程，《纽约客》无与伦比地展现了纽约成为国际化都市的过程，它的订户们一方面在这里看到了世界的急剧变迁——广岛原子弹报道、卡尔森的环保主义作品《寂静的春天》、微软的反托拉斯官司等，同时也在这本杂志中看到了人类亘古未变的情感——爱、欲望、权力、孤独、荣誉、勇气……九十多年以来，《纽约客》始终从一种充满温情与善意的嘲讽的角度来观察世界与我们自己。

综合性文艺杂志不仅给我们提供了无比丰富的知识，更重要的是，它们以一种独特的视角来提醒我们，在这个如此庞杂无序、风云变幻的世界中，我们如何保持自己头脑的完整与内心的湿润。而这些杂志的读者们，正是这个世界上一群过于敏感的人们，他们无法与强悍、高速运行的世界进行更正面的交锋，他们喜欢寻找安逸的角落躲藏起来，半是自怜半是充满优越感地品尝自己的孤独与智力上的骄傲。

今日的中国同样处于一个高速变迁、意欲极力融入全球文明的时代。在旧日的观念被抛弃之后，在目不暇接的变化令人疲惫的时候，中国新兴的读书人渴望有相应的杂志能够满足他们的好奇心，抚慰他们与周围格格不入的窘迫孤独感。

《读书》杂志曾经在20世纪80年代的中国充当了这个范例，同时被学院派知识分子与高三学生热情地接受。如孩子般兴致勃勃的沈昌文，将无限的好奇精神与知识分子的启蒙责任感巧妙结合在一起。倘若这种精神可以延续下去，这本杂志有可能升华为一种更为宽阔的视角与更富艺术性的表现力，并有潜质最终成为一本具有国际水准的文艺杂志。但是最终，乏味且往往空洞的后现代术语主宰了它，后来的《读书》杂志看起来更像是一本技术性读物。

迅速夭折的《书城》成为20世纪90年代末的一个有趣代表。批评者们用“白领读物”“小资读物”来指责它。煽情与滥情的确是这本杂志无法忽略的弱点，但是《书城》却相当成功地使自己成为90年代后期城市精神的表征，比中国其他杂志都更接近于《纽约客》。《书城》涵盖了商业、文学、电影、音乐、思想、学术、时尚等领域，随意性是它的最大文体特色。当《书城》杂志将自己的编辑成本降至最低时，它的主编李韧（唯一的编辑人员，还是兼职）也将阅读的门槛降至最低。它对稍有文化追求的人都构成了吸引，同时由于充分的兼容性，它对成熟的（不追求枯燥的）知识分子同样也具有吸引力。这本杂志庞杂的选材范围满足了读者的好奇心，对于城市文明不自觉的热爱与抒情，极大满足了急于赋予自己国际化身份的中国年轻人。一个受过大学教育的中国大城市青年，怎么会不喜欢在杂志里看到哈佛大学的图书馆和巴黎的咖啡馆、领略奥格威的广告魅力和德鲁克的管理艺术呢？当然，过于低廉的编辑经费与过于短暂的生命，同样没能让《书城》摆脱消费感与肤浅化的倾向。

只出版过三期的《大视野》谈不上具有任何实质性的影响，而是让人普遍联想起《书城》。《大视野》令人赞叹之处是它对精致设计的追求与近乎恬不知耻地大量引入西方最佳杂志文章的举动，以及张扬地标榜自己为新文明精英的姿态。形式上的突破，是它最易于被记住的特点。

《书城》与《大视野》的夭折，暗示出中国媒体投资者陈陋的心态与粗鄙的投资眼光。他们不知道，中国融入世界的过程必然催生出更年轻、时尚与国际化的读者群。这群读者急需确立他们的身份标志，他们不仅需要《时尚》杂志，或是一本中国的《时代》，更需要一本可以满足他们文化需求、富有温情的读物。

《万象》或许是这块阵地上最后的旗帜。尽管在表现力与视野的宽阔程度上，要落后于《书城》，而它对于老上海喋喋不休的怀旧也可能会让人厌烦，但是《万象》还是敏锐地捕捉住了人文情怀中偏于软弱的一面，令它在没有完全变得技术化的文人中寻找到呼应。在旧闻逸事中，读者们躲避了现实的乏味与锋利。这本带有典型遗老遗少风格的杂志的成功，更多是因为它是一片凋零的文艺杂志市场上的唯一幸存者。这种地位让它即使算不上什么好杂志，也不会成为一本“最坏的杂志”。如何更勇敢地自我更新，是《万象》杂志发展的关键。当然，这其中所涉及的不仅有编辑者自身的问题，更有体制的问题。

不管是《读书》《书城》《大视野》还是《万象》，都不可能获得多么巨大的商业成功，《纽约客》的读者调查表明了这一点。但是，它们却又在我们的生活中扮演着令人吃惊的角色。只要人性中温情与柔软的一面没有消失，只要这个世界上依旧有那些“即使在人群中也倍感孤独”的人存在，这些杂志就有理由继续存在下去。但对于今日已发生巨变的中国来讲，这样的杂志可能会成为更为激动人心的变革者。

一种文化已经死亡，而另一种文化尚未形成。乡村式的、狭隘的、封闭的、单调的中国，正在演变成一个全球化的、消费性的、丰富多彩的中国。哪本杂志试图承载并指引它的变化，试图以更深层次、更接近灵魂的方式向读者传达信息，哪本杂志便会获得独一无二的成功。文艺杂志的理想，其实不过是哲学家、文学家、经济学家、首席执行官们理想的综合体，它会被那些杰出的编辑们赋予一种人文色彩。

我承认这种归纳浮华而令人吃惊，但是谁能说一本伟大的杂志不意味着一场伟大的变革呢？

《经济学人》的腔调

生于美国的亨利·詹姆斯与 T. S. 艾略特都因为受不了本国在文化上的粗俗，最终移居英国。而对于现今那些标榜自我品位的美国人来说，除了一如既往对传统欧洲表示敬仰外，还可以加上一条“我的观点来自《经济学人》(*The Economist*)”，这一点同样也适合于这个全球化时代的各国精英们。对于那些商业、政治、文化各领域的权贵们来说，《时代》《新闻周刊》《财富》《福布斯》这样典型的美国新闻杂志，尽管拥有傲人的发行量，却无处不流露着大众文化的粗鄙。它们不仅过于沉迷于事实的陈述，更被美国式的好大喜功支配着，看待问题缺乏超然态度。

而带有浓重英国腔调的《经济学人》则被一种扑面

而来的从容感围绕着。它排斥刻意的设计感，拒绝使用大幅彩色的图片，文字的精练准确与思想的深度、力度是其唯一试图突出的东西。每周，这本全球发行的新闻评论杂志用其刻意追求的坚定而优雅的语调，阐述编辑对一周来全球政治、经济、文化事件的深入分析。“它的口气仿佛是牛津联合会，”美国杰出编辑詹姆斯 · 法罗斯（James Fallows）对此评价道，“它将自己推向一个过分自信与优越感的位置，似乎羞于仅仅表达新闻事实。”而美国前劳工部长罗伯特 · 莱克（Robert Reich）为了表现对《新闻周刊》专栏作家罗伯特 · 萨缪尔森（Robert Samuelson）的不屑，致信给该刊编辑说：“我拒绝从《新闻周刊》获取经济新闻，我读《经济学人》——它在伦敦出版。”而普遍的读者则一致承认，《经济学人》绝对讲究写作。

对于这本为倡导自由贸易而于1843年创办的杂志来讲，公然宣称的精英意识、能者统治的姿态是其取胜的关键。即使该刊编辑并非全部是“牛津腔调”，但任何版面的编辑定然是该领域的权威人物。为了保持杂志整体意见的一致性，该刊坚持集体匿名制，这项看起来不可思议的准则，无形中产生了令人惊异的敬畏感。你可以忽略某位编辑的个人意见，但你不能忽略《经济学人》的集体智商。这种传统也与在牛津大学中的所有人（当然聪明非凡）都被简单地称作“先生”（mister）类似。

编辑们相信，他们的读者应该是那些受过优良绅士教养的精英人士。除了手中握有金钱与权力，他们还关心世界和平、非洲饥荒和全球化进程。同时，他们还要理解迷人的科学发现、门德尔松的音乐，对严肃书籍始终保持着阅读的兴趣。《经济学人》趣味的广泛性与深入性令同行黯然失色，其专门设有“书籍与艺术”重要栏目，对小说、诗歌、历史、博物馆、现代绘画、歌剧进行评论，以彰显其编辑与读者的趣味高雅，不同于一般商业杂志。他们是智力生活的迷恋者，是坚定的世界主义者。

对于读者来讲，《经济学人》的定价是惊人的。一百二十五美元的年订费，暗示了这本杂志并非为大众服务。而这个价格的关键意义，正如经济学人集团总裁所言：“即使我们卖不出任何广告，仍可靠发行盈利。”在媒体对广告客户具有压倒性依赖的时代，《经济学人》从容镇定地摆脱了任何可能破坏“编辑独立原则”的市场压力。

“编辑独立是《经济学人》的核心”，该杂志这样傲然宣称。在制度上该杂志母公司禁止任何个人或组织拥有绝对控股权。《哥伦比亚新闻评论》说《经济学人》提供世界上最稳定的新闻工作。作为编辑，只有“三人理事会”有权聘用或解雇你，因为该理事会与公司没有任何利益关系，有绝对独立权。

这股趾高气扬的“牛津腔调”当然也会遭受怀疑。曾任该杂志“美国编辑”的迈克尔·金斯利说，该杂志在全球不过六十名全职记者，新闻来源很大一部分要依靠特约通讯员（stringer）。这些业余新闻爱好者能够向编辑们提供准确的信息来源吗？《经济学人》也像其他媒体一样，会在非本国问题上犯一些简单粗暴化的错误。金斯利说：“《经济学人》总是给人这种感觉——‘我已经明了事件的重点了’，‘问题很简单，但接下来的三个步骤就极关键了’。”但如何进行下去，该杂志似乎就缺乏兴趣与能力了。

这种指责显然过于苛刻，金斯利显然是按照圣人的标准在要求《经济学人》的编辑们。不过他自己也承认，在该杂志任职的经历为其个人增添了光彩——在《经济学人》工作能给人一种非凡的荣耀感。

不管怎样，《经济学人》部分减弱了美国媒体文化的影响。当然，像我之前提到的，它还给了我们某种虚荣感。凯恩斯或许是一位典型的《经济学人》的撰稿人与读者：毕业于剑桥，参与挽救即将崩溃的世界经济，与爱因斯坦、萧伯纳保持通信，拥有简洁、明快、典雅的写作风格，有一双修长而优雅的手……

与凯恩斯为伍的感觉实在很好。

写作的第三条道路

> 倘若我们认定人类的智慧现在应该停滞，不再发展，只有在这种情况下，文学才应该使用大众的语言。否则情况理应相反：大众应该用文学的语言说话。
>
> ——约瑟夫·布罗茨基（Joseph Brodsky）

叔本华在一篇论及如何写作的文章中提到这样一个观点："像伟人一样思考，像普通人一样说话。"这句话促成了我对于媒体写作的初步理解。长期以来，我们目睹文字被两种倾向支配：一种是经院化写作，摒弃语言本身的美感，用一种缺乏弹性与韵味的术语进行科学式描述，这种写作是封闭的，拒绝门外人参与；另一种是完全的民间式写作，或者滥情，或者用粗暴的论断将语言与思想彻底稀释，这种写作很容易挑起我们的激动，但是这种激动是如此廉价与短暂。

叔本华的话为我指出了写作的第三条道路。这种写作方式是开放、鲜活的，同时又有其核心所在，既能清晰地传达自己的意见，又可尽量避免这种意见的粗暴与随意性。像伟人一样思考，保证了写作者对事件本身的超然与旁观者的立场；而像普通人一样说话，则拒绝让写作成为少数人的私密游戏。这两点正是媒体写作的原则所在。

首先，需要澄清媒体写作长期所遭受的玷污。媒体是现代社会的核心所在，在世界变得如此纷乱与庞杂的今天，在一个被尼采称作“读报取代了每日祈祷”的现代社会，媒体成了人们感知世界的唯一方式。不管如何唾弃大众媒体给你带来的“表象的世界”，你必须承认你已经生存于一个媒体渲染出的社会氛围当中。

媒体成了这个时代的教堂，媒体写作者是这个时代的牧师。媒体写作者肩负起构造现代人精神殿堂的重任。今天，我们已经不可能指望大众通过阅读《红与黑》来获得人性感悟，通过阅读《名人传》来获得崇高感，通过阅读《国富论》(*The Wealth of Nations*)来了解经济学的基础……媒体写作成了连接人类文化中最崇高的情感、最令人惊叹的智慧与现实大众的唯一纽带，它们可能正在努力阐述现代社会的定义与意义。

让我们重新回到写作方式的问题。我承认学院化写作有其存在的充分理由，但这种深受题材及背景知识结构限制的写作注定是冷漠与孤僻的，要求其体现“介入”精神不但不合情理，也缺乏可行性。因此这种写作基本上可以排除在媒体写作之外。在这里，我需要着重评述的是后一种民间式写作。因为它比“学院化”更深广地介入大众意识，因此对于大众的智力状态与情感所造成的危害也极大。

首先，我反对武断、以快感为主导的写作。这样的作者常会高举争取自由、民主、人权这样的伟大旗帜，把乔治·奥威尔(George Orwell)、索尔仁尼琴(Aleksandr Solzhenitsyn)等视为同道。他们攻击的是那些早已竖立在那里、人人皆知的标靶，不厌其烦地用各种例证准确无误地击中靶心，然后为整个行动贴上“常识性写作”的美丽标签。

当我们仔细分析他们所攻击的对象，比如“专制”，我们会发现隐藏在这个正确词语背后的，是作者对世界简单粗暴的理解。就像奥威尔在《1984》中描述的那种情形，极权制度所做的一切努力，在于缩减词汇，减少人的智力活动，用单调的宣传口号取代一切。而当我们仔细观察奥威尔及其忠诚的追随者时，我们一样会看到，出于急于争取受众的心态，他们采取了和批判对象同样的方式：写作充斥着清晰却单调、简明却重复、刺激却粗暴的词汇，而这样的载体又决定了思想的平面与肤浅。写作在他们手中变成了另一种宣传。我们反对“专制”“极权”“宣传”的原因，是我们渴望更丰富的思想方式与生活方式，而非为了反对而反对。

与这种宣道式写作往往并肩战斗、相辅相成的是滥情式写作。这种写作者常常让自己与读者陷入一种感动的状态，希望感受所谓的“灵魂的荡涤”。他们习惯列举一些惨痛的场景，希望读者因此而感受到写作者悲悯的情怀。但是，他们或许忘记了这一点，真正的悲悯常常是带着笑容出现的。当写作不能够超越苦难本身，而仅仅成为一种苦难的状态与细节呈现，这种所谓的感动，不可能有更多的价值。面对不幸而产生感动是一种自然情感，但是当你把这种个人化的感动无限制地夸大，甚至固定成一种抒情式的写作模式，这种感动的目的就无法不令人怀疑。这种抒情，可能正危险地滑向滥情。

除了苦难式的滥情，我们最常遭遇的还有小资产阶式的滥情。这些因生活过于安逸而渴望感动的家伙们，人为地制造了那么多符号。当他们遭遇到这些符号时，便强行让自己陷入某种渴望让外人看到的情绪当中，就像在上海八万人体育场人头攒动的罗大佑演唱会。这种抒情和前者一样，因为过于强烈的表演性而可悲地贬值了。

在刻薄了这么长时间之后，我终于回到写作这篇文章的初衷——谈一谈对《书城》的感受。我喜欢这本杂志，是因为它最接近第三条道路。那些正值青春期或者青春期过长的家伙们，将这本杂志视作他们重要的精神生活来源。他们在这里看到了比一般杂志更宽阔的文化、艺术视野，也比较喜欢它娓娓道来的叙述方式。《书城》成了生活于20世纪90年代末的中国青年一本重要的启蒙性杂志。我的写作风格也伴随着这本杂志的成长而变化。

今天，这本杂志终于完成了目前这种形态上的使命。我为很多即将来到的孩子惋惜，因为他们可能错过了一些美妙的东西。但我更希望，这本杂志的转型能够为那些正在招惹滥情的小资读者们提供某种警示，因为今天的《书城》正在缓慢地滑向一个温柔但危险的陷阱。

我们不能不承认，在它上面出现了越来越多随意的文字与浅薄的情感，好像已经有些抵挡不住柔软的诱惑，使其最初的智性正在被情感淹没，从而变成一代年轻人的情感寄生地——一种自怨自艾的情感。

这里，我必须再次强调第三条道路的重要性，并将这条道路的开辟寄望于中国日渐成熟的媒体。当中国最终出现了《大西洋月刊》《纽约时报书评》《纽约客》这样的媒体时，我会觉得此时中国人的写作才最终具有明确的意义与希望。当然，那时我们会回忆起年轻时阅读过的《书城》，是它为我们展开了最初的心智之旅。

杰出的经济学家，平庸的专栏作家

《商业周刊》的大多数专栏都不堪卒读，这是一份在文字美感上缺乏追求的杂志。专栏作家们，尽管大名鼎鼎，不管是伦敦商学院院长劳拉·泰森（Laura Tyson），还是耶鲁大学管理学院院长杰弗里·加藤（Jeffrey Garten），都是仅仅能够将文字写通顺而已。他们的笔调中充满了平庸的智慧，他们的判断从来也不会超出我们的想象。他们无非是在“9·11”发生后坚持自由贸易，重思商业领袖的责任，或是对布什的减税计划的新进展表示反对或支持。最近读到的《不再神圣的经济学》（*Nothing is Sacred: Economic Ideas for the New Millennium*）是该杂志另一位专栏作家罗伯特·巴罗（Robert Barro）的专栏文集，同样的，不要指望在这里面发现这位全球最著名宏观经济学家的真正思考，尽管该文集拥有“面向新千年的经济学观念”这样的副标题。

作为哈佛大学的经济学教授，没人忽略巴罗先生在学术领域的杰出地位，他是宏观经济学、经济增长理论与货币理论领域的杰出专家，他出版的《宏观经济学》（*Macroeconomics*）是许多国家大学的课本。但是，你不要指望他在不超过两千字的篇幅里展现这种才华。这么小的篇幅需要紧扣新闻的专栏，仅仅能够展现立场与结论，而不是分析，同样更容不下巴罗喜欢的数学分析。它能表现的是宽度，而不是深度；是形式，而不是内容。

《不再神圣的经济学》收录了三十八篇文章（其中一部分来自《华尔街日报》），时间跨度由1991年至2001年，它的内容包括从亚当·斯密的理论到布什的经济政策，乃至摇滚明星博诺（Bono）的政治主张与美貌经济学。巴罗在他的专栏中用一套无所不能的经济学家思维方式，来考察社会生活中的方方面面。就像他在序言里所说的：“无论是研究诸如经济增长和货币政策等规范的经济问题，还是研究诸如民主、美貌和堕胎权利等非规范问题，我都是运用基本的经济学原理进行分析，研究方法是相同的。”于是，立场成了专栏作家最重要的武器。尽管在大学时代对凯恩斯着迷，但巴罗最终选择了自由主义（或是古典主义）的立场。他倾向于19世纪的自由主义哲学，而在这种体系中，政府尽管作用显著，却常常容易犯错误，它最重要的作用除去保护国家安全外，还涉及界定与保护产权问题。在更多的方面，它不应该有太多的发言权。在巴罗的大学年代（20世纪60年代），人人都还是凯恩斯主义者；但今天，巴罗则坚定地追随了米尔顿·弗里德曼（Milton Friedman），奠定他思维方式的是《资本主义与自由》（*Capitalism and Freedom*）。所以，你可以轻易发现他的经济学与政治学的立场：他是右派，喜欢共和党，喜欢效率甚于平等，喜欢分析而不是情感。

自加里·贝克（Gary Becker）以来，对新闻事件与社会问题进行经济学分析已不再新鲜。这使得《不再神圣的经济学》中最引人瞩目的是作者对于逝去的伟大经济学家的分析，而对同代学者的评论，当然更必不可少。在三十八篇文章中，我们遭遇了弗里德曼、加尔布雷斯、拉里·萨默斯（Larry Summers）、格林斯潘，出人意料地还有U2乐队的主唱博诺。他对名流云集的世界经济论坛的观感也值得一读——这的确是一场毫无实用价值却充满观赏意义的聚合，他还说格林斯潘是“呆子花匠”，被一种莫名其妙的迷信所保护。

除了少量风趣的名人故事，这本近二百页的小册子中并没有太多精彩言论，或是角度出奇的观点。最令人不满的，是他的写作过于平淡，也没有思想能够拯救这种平淡。在某种意义上，美国的专栏作家距离英国的“essay”（短论）传统还相去甚远。19 世纪的英国政论家与散文家总能够在短短篇幅内表现出思想的庄重与语言的美感，而今天的《经济学人》仍留有这种风格。巴罗先生试图使经济学变得更通俗易懂。然而，他在普及经济学思想的同时，却使思想本身变得有了廉价性，就像你在阅读《商业周刊》文章时的感觉，这些廉价信息的结合体，并没有赋予正在发生的新闻以严肃的意义。

尴尬的公共知识分子

美国哈佛大学校长拉里·萨默斯直率得令人不适。在任克林顿政府财政部部长之初，他的快言快语与格林斯潘的含混不清同是华盛顿一景。拉里将这种在华盛顿最后岁月中有所收敛的习惯带到了哈佛。这位哈佛新校长上任六个月内，先是批评了哈佛成绩的高通过率，因为太多的学生得了 A（天哪，这可是哈佛），接着他竟然在自由气浓重的校园里大谈“爱国”问题，然后他又得罪了美国著名社会学家、哈佛大学拉丁美洲研究系前黑人教授康奈尔·韦斯特（Cornel West），批评康奈尔给学生打成绩过于随便，还干了一些严肃教授所不屑的事，比如录制一张说唱乐的 CD，总是写那些只被流行的《纽约时报书评》而非严谨的学术刊物评介的著作。

这场不断升级的争吵如今已经进展到“政治正确”“保守派与自由派”“多元文化”的高度，而多才多艺的韦斯特教授也要挟转投普林斯顿大学。与此同时，芝加哥著名学者理查德·波斯纳（Richard Posner）出版了《公共知识分子：一项衰落的研究》（*Public Intellectuals: A Study of Decline*）。在这部一出版即招致诸多非议的著作中，波斯纳按照名字被引用率（基于报刊与网络）对知识分子进行了排名，其中基辛格为第一名，爱尔兰诗人叶芝是第九十八名……除了排名本身令人惊诧，被人指责缺乏数据基础外，波斯纳还得出一个令人不安的结论：学院知识分子比公共知识分子更值得尊敬。在波斯纳眼中，公共知识分子是一群依靠媒体的知识人，依靠读者而生存，因此常常会被市场逼迫迅速出版著作，为吸引注意力而妄下定论。相反，学院知识分子则由同行提供判断标准，更注重严谨性与真实性。波斯纳承认，有很多杰出的学院派同时也是公共知识分子，比如罗素（Bertrand Russell）、萨特等，但这往往是由于他们在专业领域内不再有发展空间，才最终转向公众的。他们所倡导的那一套东西——和平、革命等的确也不需要太多的智力成分，而是更接近常识。

萨默斯校长与波斯纳在一点上达成了共识：学者不

应该热衷于为公众写作，而应该在自己的领域内继续钻研。现状也的确堪忧。在全世界范围内，知识分子似乎正在陷入媒体圈套，热衷于接受媒体的访问，喜欢在公开场合发表演讲，公众影响正在取代学术影响而成为更重要的判断标准。简言之，他们正在从象牙塔中走出而试图进入明星行列。

这场由来已久的争论的核心是：知识分子的职责是在于学术本身的追逐还是在于对公众的解释作用，这两者是否存在优劣之分。很显然，这样区分正像波斯纳教授无聊的比较一样，犯了一个基础错误。判断知识分子杰出与否的标准并非在于他是否身处学院，是为《纽约时报》还是为《美国经济研究》（*American Economic Review*）写作，而是完全取决于个人的创造力。学院知识分子与公众知识分子具有同样的重要性，最杰出的人物永远身兼两职。爱因斯坦可以研究相对论，也会发表和平倡议书，爱德蒙·威尔逊一辈子依靠为杂志写作生存，却成为美国最了不起的文学批评家，莱昂内尔·特里林（Lionel Trilling）在哥伦比亚大学教书的同时，还在为普通读者推荐书目……

的确，公众知识分子常常对自己并不熟悉的领域发言，比如文学与哲学出身的萨特偏爱谈论政治，《纽约时报》的社论编辑常常对相隔万里的主题发表见解。虽然他们被批评为“不够专业”，但也正是这种不专业体现了公共知识分子的真正价值。

古希腊哲人苏格拉底想象不到今天知识分子的模样。这个老人与铁匠、面包师交流对世界、生死的看法，无比自由，却是人类最伟大的知识分子，因为他对世界充满好奇并在一直追问。知识体系的庞大与复杂使得“专业化”成为今日知识界的主流。而学术发明对于普通人来说，越来越像一个不可理解的怪物，使得人们开始拒绝理解日新月异的知识世界。流传在学院知识分子中的一个笑话是，一本学术书籍常常只有十几个人能够读懂，作者们沉浸于只有自己人才能理解的语言符号之中。

但是，公众知识分子却了解如何将知识世界的进展解释给公众，也了解如何用人类传统沉积下的智慧去解释正在变化的环境，从信息中提取出变化的趋势。当然，这其中可能充满了“不够专业”的错误，但他们却打破了一维的视角，在解释经济问题时，可能同时加入了历史眼光与人文关怀。他们的确常常被市场所驱动，需要将文章写得富有趣味。但正是这种趣味激发了公众的好奇心，使他们跳出日常生活的琐碎与暗淡，转而思考更有意义的问题，这一点正是一个健康社会的重要元素。

写到这里，我发现自己可能犯了一个愚蠢无比的错误——根本没有学院知识分子或公共知识分子之争。知识分子群体其实只分为两类：高级知识分子与低级知识分子。高级知识分子被自己的好奇心驱动，尽可能地探索感兴趣的领域，并获得杰出的成果；而低级知识分子则普遍满足于已经取得的成绩，喋喋不休地重复自己，或是干脆躲在狭小的领域内静待自己的思维发霉。

为公众写作，并非是知识分子的职责，而更多是作为公民的知识分子的个人选择。不错，你可以将之称作一项“追逐名声”的游戏。从未有一个群体像知识分子这样热衷于名声，因为他们的教育背景决定了他们总是潜藏着“载入历史”的欲望。这种欲望的强烈程度就好比商人对于利润、小市民对于幸福家庭的渴望……

我们欢迎罗素这样的知识分子，因为他既能写出全世界没几个人能看懂的《数理逻辑》，又能对 BBC 的听众宣讲哲学的作用，而且他还从不避讳自己的弱点：“是的，我热爱名声。”

马修 · 阿诺德的遗产

文化能做什么？当诗人马修 · 阿诺德（Matthew Arnold）在19世纪60年代试图在英国讨论这一问题时，文化似乎正陷入一个真正可悲的境地。在出版于1869年1月的《文化与无政府状态》（*Culture and Anarchy*）的序言中，四十六岁的教育调查委员会巡视员阿诺德引用了当时最为流行的论调——"那些奢谈'文化'的人，无非是在一知半解地摆弄希腊文、拉丁文那两种死掉的语言而已……当下最愚蠢的高谈阔论莫过于满口文化了……要论掉书袋、缺心眼、少理智，没人能比得过文化人"。

这是维多利亚时代的英国，近代史学家艾瑞克 · 霍布斯鲍姆（Eric Hobsbawm）所说的帝国的年代。英国不仅拥有世界最强大的武装，还是当之无愧的世界工厂，生产着全球一半以上的钢铁与纺织品，伦敦是国际商业与金融的中心。同时，这也是一个民主兴起与物质至上主义兴起的年代。“英雄崇拜症”患者托马斯·卡莱尔 1967 年将民主体制比作“尼亚加拉大瀑布”，英国政府“迟早有一天会跳下去”，贵族政治与文化传统在民主化浪潮中将遭遇越来越严峻的挑战。而新兴的中产阶级则纷纷陷入了典型的“物质崇拜症”中，这种精神直到 1909 年仍让 H. G. 威尔斯惊奇不已：“作为这个阶级，他们谈的、想的和梦的都是财富。”马修·阿诺德发现，他的同胞竟然将煤与钢铁视作“国脉所系”，机器则成了公众的信仰。

在这个熟知希腊文化与罗马文化的英国学者眼中，这是一个真正的历史性时刻。贵族们充满傲慢，鄙夷大众文化的兴起，虽然身上延续着很多杰出的传统，却常常沉溺于形式主义当中；中产阶级则常被报刊称为“国家的支柱”，却往往阴郁沉闷，眼界狭隘，“相信日子富得流油便是伟大的幸福”；而刚刚获得政治地位的劳动阶层，仍然被贫困与无知困扰着，在 19 世纪后半叶的欧洲，他们是危险、不安与盲动的代名词。

阿诺德给这三个阶级分别命名“野蛮人”（Barbarian）、

“腓力斯人”（Philistine）与“群氓”（Populace）。它们的力量此消彼长，使传统的社会组织陷入瓦解，混乱与迷惘也接踵而至。马修·阿诺德相信，唯有文化才是解决这些混乱的有效手段。不过，他心目中的文化，不是僵化的精英文化传统，更绝非仅仅满口拉丁文，而是从属于任何阶级的任何个体自我修养的需要。在一个价值失衡的年代，阿诺德渴望文化取代日渐衰落的宗教与哲学，他甚至说："我们目前视为宗教和哲学的绝大部分东西将被诗歌取代。”对各种事物的好奇心，对希腊精神中所推崇的“美好的与光明的两种事物”的追求，是阿诺德心目中文化的真正要义，这既来自希腊的伟大传统与摆脱时代区域的经典，也来自其他国家的文化成就。阿诺德本人既钟情于荷马与索福克勒斯（Sophocles），也欣然接受了海涅（Heinrich Heine）与托尔斯泰。马修·阿诺德一生都在实践他的这种理想。尽管像很多杰出作家一样，他面临着公务员与作家两种职业的纠缠，但对于利用教育来将文明理念渗透至每个人心中的热忱却很少消退。如果我们说16世纪的路德（Martin Luther）使人人都成了传教士，20世纪60年代的美国使人人成为艺术家，那么身处19世纪60年代英国的马修·阿诺德，则渴望人人都是文化信仰者，每个人都能力图使自己变得更聪明、更有教养，成为和平世界更有力的保障。

像很多薄薄的小册子一样，《文化与无政府主义》是演讲与论战的产物，我们甚至可以说，它带有过分强烈的即时色彩，充满了那些早已被遗忘的论敌的名字与观点，几乎像是一部长篇新闻稿，或者一位写作过分冗长的专栏作家的文集。但是，这本书却熬过了漫长时日，在一个多世纪后的今天，几乎成为阿诺德最负盛名的作品。作为批评家的阿诺德超越了作为诗人的阿诺德，作为社会批评家的阿诺德超过了作为文学批评家的阿诺德。这是因为，阿诺德提出了几乎每个过渡社会都会面临的难题，即当一种旧传统已破碎而新传统尚未建立起来的时刻，我们该如何面对这种转变。同样重要的是，阿诺德表现出一种已经失传的气质——知识分子在价值混乱的社会生活中所扮演的中心角色。他从未将自己局限于专业的诗歌或是文学批评领域，而是将自己的智力勇敢地运用到公共生活中的每一部分。就像牛津大学教授伊格尔顿（Terry Eagleton）所说的，在阿诺德时代，胸怀宽广的传统文人正日益被专业化的学人和市场导向下的商业写作所替代，而阿诺德“穿越于诗歌、批评、期刊和社会评论之间……拒绝被绑缚在单一的话语领域内，并致力使思想对整个社会生活产生影响”。

《爱丁堡评论》是阿诺德传播这种思想最重要的场所之一。事实上，在整个19世纪，没有任何事物能像这本杂志的成长那样更好地代表英国的知识精英与公众之间的联系。二十九岁的弗朗西斯·杰弗里（Francis Jeffrey）在1802年创办了这本杂志。在由托利党主宰的苏格兰，这位年轻的辉格党人与年龄相仿的朋友试图打破稳固而缺乏生气的托利党社会。

当时的新兴中产阶级对《爱丁堡评论》立刻产生了共鸣。他们明显地感到，《爱丁堡评论》在抨击他们面临的问题时，使用他们的语言，持有他们的观点……《爱丁堡评论》尽管价格昂贵——每本五先令，只有富裕的人才购买得起，但却迅速赢得了正在崛起的英国中产阶级读者的青睐。他们惊喜地发现这本观点独立的杂志（杰弗里直觉地坚持编辑独立原则，这在杂志普遍依赖于书店的18世纪是不可想象的）让他们更迅速与深刻地了解了亚当·斯密的经济学观念、大卫·休谟的哲学思考、彭斯的诗作，读者与编辑一同在这本杂志就最新的政治与文化现象进行即时和充满智力性的讨论。谈论《爱丁堡评论》上的文章成了19世纪初英国有教养家庭的日常练习。

《爱丁堡评论》的两位热情的效仿者《威斯敏斯特评论》《评论季刊》(*Quarterly Review*)，几乎塑造了19世纪的英国知识界与公众舆论。整个19世纪的知识分子，从黑兹利特(William Hazlitt)、托马斯·卡莱尔到约翰·斯图亚特·穆勒、马修·阿诺德、阿克顿勋爵(Lord Acton)，都与它们紧密相连。尽管代表着不同的政治立场，但是它们都致力于在公共生活与智力训练之间建立起坚强的纽带，致力于培养出一个真正有教养、有理解力的人群。尽管在19世纪初仍代表着进步与活力的中产阶级到了60年代变成了令阿诺德鄙视的拜物者，但是没人能否认，他们正在变得更有教养起来，正在试图利用已获得的财富，笨拙地为自己装饰上文化的外表。

二百年前的《爱丁堡评论》与一百五十年前的马修·阿诺德能为今天的中国提供某种启示吗？尽管我们并非是文化决定论者，但却像阿诺德一样相信，文化可以在一个缺乏价值判断的年代为世人提供一个强有力的参照。在很多时刻，阅读《文化与无政府状态》似乎就是在阅读今日的中国，只不过那些“钢铁与煤是国脉所系”演变成“GDP增长是国脉所系”。在过去的半个世纪里，幸福生活的标志从“楼上楼下，电灯电话”发展到“有房有车”。我们所追求的小康社会的标志，竟然是以“是否拥有第二套住房”来衡量。不错，越来越多的人将中国视作重新崛起的大国，但是仍有不少观察者将中国视作为某种层面上的“经济动物”。我们仍未学会如何将物质力量转化为精神力量。同时，在中国社会内部，我们更常常被眼前的混乱不堪所迷惑。仅仅一场传染病危机，我们就发现了那些古老、陈腐的观念重又变成了社会主流，公众的迷惘情绪令人吃惊。我们若真生活在阿诺德所说的“群氓时代”，而我们新兴的中产阶级在尚未表现出朝气与活力之前，就已经准备一头扎入物质主义与狭隘眼界的怀抱，我们该如何引导他们？如何帮助他们提高自己？

我们相信，知识精英应该在这种过渡社会中扮演更为重要的角色。正如阿诺德先生的观点一样，文化人绝非软弱与边缘的象征，他们应该更积极地参与到公共生活中，甚至在政治领域里，文化人都可能比固执的政客们更加出色。阿诺德先生拥有一个希腊式的理想，而“生活希腊化”是他对英国社会最重要的劝告。在那个更为伟大的时代，政治家与知识精英间没有界限，审慎的思考与热情的辩论是整个社会热衷的生活。（当然，我们要摆脱苏格拉底的厄运。）不过前提是，知识精英还未蜕化成“日益被专业化的学人和市场导向下的商业写作者”。

尽管我们相信文化是一种必须被引入的社会判断标准，但却被这个词语蕴含的过分繁杂的理念弄得不知所措。“希腊化”或许适合阿诺德时代的英国，却不是现今中国的解决之道。我们一方面应该从被迫断裂的传统中寻找精神资源，同时也必须借助更为广阔与久远的世界文明传统，而它们之间似乎又总是会形成某种冲突。但不管怎么样，有些准则几乎是永恒不变的，即每个人都应该通过提高自我修养而变得更加聪明，更加优秀。这应该是一项集体性的功课,尽管它不可能被全部完成。就像阿诺德所说 :“当一个国家出现全民性的生活和思想的闪光时，整个社会则将充分浸润在思想之中，具有感受美的能力，聪明而富有活力——这便是人类最幸运的时刻。”我们在等待这样时刻的到来。